ASI SE IMPORTA

Eugenio Maggio González

ASI SE IMPORTA

Eugenio Maggio González

1ª Edición **2013**
ISBN: 978-1-300-80361-4
Impreso en Chile-Printed un Chile
Ediciones Habilitas

"A QUIENES DESEEN INGRESAR AL MUNDO DE LAS IMPORTACIONES"

Introducción

He querido iniciar este libro respondiendo a la pregunta que muchas veces se me hizo y relacionada con el libro "Así se Exporta" del cual soy autor. La pregunta que se me hizo en esa ocasión fue ¿Y por qué no el "**Así se Importa**"? y ¡vaya que tenían razón! Todas las cosas tienen su reverso, lo bueno tiene lo malo, lo blanco su negro, el comienzo su fin y así sucesivamente.

Si se entregaron las herramientas para que muchos pudiesen lograr beneficios con las exportaciones, he creído conveniente también, entregar los instrumentos para que los otros muchos que quedan, puedan sacar partido a un área del comercio exterior como son las importaciones.

El objetivo de este nuevo Manual Operativo Práctico de Importaciones denominado "Así se importa", es entregar una guía para que todos aquellos que se muestren interesados en el comercio de importación, puedan también desarrollar esta actividad con entusiasmo, sacando un partido que puede brindarles innumerables beneficios.

Cómo es de todos es conocido, el comercio se remonta a épocas milenarias incluso hay vestigios del mismo en el Neolítico con el nacimiento de la agricultura cuando el hombre se dio cuenta que las cosechas obtenidas eran mayores que las necesarias para su subsistencia y las de su comunidad, procediendo entonces a intercambiar excedentes por otros objetos en que se habían especializado otras comunidades. Por lo tanto podemos decir que el origen se encuentra en el intercambio de productos desde una comunidad a otra o desde una zona a otra.

Sin lugar a dudas que un factor importante en el desarrollo del comercio fue el nacimiento también de los sistemas de transportes y lo que ello implicó para el intercambio comercial.

El comercio exterior no es otra cosa que el intercambio de bienes y de servicios entre personas que se encuentran ubicadas en diferentes países. Este intercambio permite entonces a un país especializarse en la fabricación y producción de bienes que fabrica en forma más eficiente y con menor costo.

¿Por qué es importante el comercio de importación?
1. Al existir la importación, los precios tienden a ser más estables.
2. Hace posible que un país importe aquellos bienes cuya producción interna no sea suficiente o bien no sean producidos.
3. Permite establecer comparaciones ente un producto y otro.
4. Permite al consumidor elegir productos alternativos.
5. Permite establecer un equilibrio entre la escasez y el exceso.
6. Permite una mayor movilidad de los factores de producción entre países.

Como hemos podido apreciar, las importaciones son tan importantes como las exportaciones para un país, principalmente cuando ese país no es autosuficiente o autárquico y por lo tanto necesita del bien o producto que no puede producir o fabricar.

Como dijo una vez el estadista y científico estadounidense Benjamín Franklin "Ninguna nación fue arruinada jamás por el comercio", esto nos lleva a afirmar que tanto el comercio de exportación como el comercio de importación son absolutamente necesarios.

Si la importación se toma como un negocio serio, sin lugar a dudas que ésta puede representar una oportunidad de negocio si logramos ofrecer un producto que sea escaso y que tenga un mejor precio que el de la competencia y al mismo tiempo le permitirá colocar su empresa en una posición más competitiva.

Existen etapas claves en el proceso de importación, dado que la importación como tal no tiene una estructura universal, sin embargo existen ciertos parámetros que son comunes en la mayoría de los casos.

Es importante también considerar la relación que existe entre el país de donde proviene el producto y el mercado nacional.

También es importante considerar y conocer las restricciones que pueda tener el producto en nuestro país, por ejemplo que esté prohibido comercializar con determinado país o bien que el fabricante del producto que nos interesa no tenga la capacidad productiva para cumplir con la demanda.

No hay que pensar en que el producto nos guste, es decir hay que dejar de lado la subjetividad en términos de lo que a nosotros nos guste y que finalmente no guste al mercado. Por el contrario, lo que nos interesa a nosotros puede dejarse en un segundo plano y pensar en lo que realmente le interesa al mercado consumidor. También debemos tomar en cuenta que los gustos son diferentes entre un país y otro y lo que pudo tener éxito en un país no necesariamente puede tenerlo en el nuestro.

El éxito de un producto lleva aparejado a la existencia de un mercado local que demande nuestro producto por una parte y por la otra en la credibilidad y confiabilidad del fabricante del bien.

El presente Manual se encuentra estructurado de manera tal que el lector podrá leerlo siguiendo una secuencia lógica para llegar a formarse una idea acabada de todo el proceso de importación e insertarse en forma definitiva en una de las áreas más interesantes del comercio exterior.

Finalmente espero que el presente trabajo sirva a todas aquellas personas que insertas en al área del comercio exterior o que deseen insertarse en ella, tengan una herramienta que les permita un conocimiento de los pasos a seguir en el proceso de importación y que logren éxito en el cometido que piensan emprender.

EL AUTOR

I PARTE

Capítulo I

"La Decisión de Importar"

Toda persona que desee iniciarse en el campo de las importaciones deberá formularse antes del inicio las siguientes preguntas:

- ¿Qué es importación?
- ¿Quién puede importar?
- ¿Qué se puede importar?
- ¿Cómo me inicio en la importación?

Respondiendo a la primera interrogante diremos que *importación es el ingreso legal de mercancías extranjeras para su uso o consumo en el país.*

En relación con lo anterior es importante desglosar la definición para tener un mejor entendimiento. Al respecto podemos decir lo siguiente:

1. **Ingreso legal**: Estaremos frente a un ingreso legal de mercancías cuando estas pasen por los puntos habilitados que son las aduanas por una parte y por la otra que vengan respaldadas por la documentación que acredite que han sido adquiridas también en forma legal.
2. **Mercancías:** Deberemos entender por mercancías a todos los bienes muebles sin excepción alguna. En relación con este concepto y habida cuenta de la definición de importación que nos habla de mercancías extranjeras, deberemos entender también que existen diferentes tipos de mercancías a saber:

- *Mercancía Nacional:* Que es la mercancía producida o manufacturada en el país con materias primas nacionales o nacionalizadas
- *Mercancías extranjera:* Es aquella mercancía producida o manufacturada en el extranjero y cuya importación no se ha acreditado legalmente
- *Mercancía Nacionalizada:* Es la mercancía extranjera cuya importación se ha consumado legalmente, esto es, cuando

terminada la tramitación aduanera queda a la libre disposición de sus dueño.

La segunda pregunta que es necesario responder es la que nos dice ¿Quién puede importar? En respuesta a la interrogante diremos entonces que cualquier persona natural o jurídica que tenga un RUT e iniciación de actividades ante el Servicio de Impuestos Internos puede efectivamente importar. Por lo tanto un importador es toda persona natural o jurídica que manifieste su intención de realizar una importación.

Con respecto a la tercera pregunta, es decir, ¿Qué se puede importar?, podemos decir lo siguiente: De acuerdo a nuestra normativa, se puede importar todo tipo de mercancías, incluso aquellas que pudiesen encontrarse prohibidas si contaran con la autorización de la autoridad oficial correspondiente.

Por lo tanto se puede importar todo producto manufacturado o materia prima producido en el extranjero por una instalación o fábrica debidamente registrada y controlada por la institución o autoridad competente del país de origen.

Y dando respuesta a la última pregunta es decir el ¿cómo me inicio en la importación?, respondemos lo siguiente: Si se está decidido a importar, si dispone de un capital y ya dispone de un producto o productos, entonces ya está en condiciones de hacerlo, pero al mismo tiempo deberá conocer los pasos a seguir para no cometer errores.

Cuando la persona está decidida a iniciarse en el campo de las importaciones, deberá tener claro que previo a cualquier paso dentro del proceso operativo, tendrá que realizar el correspondiente estudio del mercado nacional, con la finalidad de determinar si resulta interesante y competitivo el negocio de traer mercancías desde el extranjero, todo, en la eventualidad que los productos sean o estén siendo ya fabricados a nivel nacional o bien se estén importando.

También es importante hacer una evaluación de los requerimientos técnicos y administrativos asociados al proceso de importación de las mercancías, todo en función de la naturaleza de las mercancías, usos, etc. Como por ejemplo certificaciones, análisis, vistos buenos, etc.

Nunca deberemos olvidar que antes de iniciar cualquier relación de carácter comercial, será necesario previamente el recopilar información relativa al mercado de origen del producto, así como también de los potenciales proveedores del mismo. Tampoco deberemos olvidar que si hemos elegido un país determinado en donde se encuentra el productor que nos interesa, será conveniente el verificar, si con ese país tenemos algún acuerdo de carácter comercial que de hacer negocios, nos permitirán acogernos a las preferencias arancelarias otorgadas para ese producto al importarlo a nuestro país.

Para no cometer errores, el futuro importador deberá fijarse a nivel de mercado interno si el producto que le ha interesado importar ya tiene representantes o distribuidores en el país, pues de ser así, la importación del producto de la marca que le interesa deberá importarlo a través de ellos. Ahora bien, si le interesa otra marca para el mismo producto, podrá realizar la importación en forma directa.

Capítulo II

"¿Dónde encuentro al vendedor?"

Muchas veces el potencial importador cree que lo más conveniente es el realizar un viaje de negocios para ponerse en contacto con el vendedor extranjero, pero no está de más el señalar que esto en una primera instancia puede ser un fracaso y una pérdida de dinero ya que si no se dispone de un contacto, se encontrará a la deriva en un país desconocido y probablemente regrese con las manos vacías.

En relación con lo anterior es necesario expresar que no se está en contra de los viajes de negocios, pero si es la primera vez que realizará una importación, es mejor que los evite y recurra a fuentes de información en el país y que le entregarán lo que usted anda buscando, la identificación del fabricante del producto que le interesa y su respectiva dirección. En otras palabras, usted puede comunicarse con su potencial o potenciales vendedores desde su oficina y para ello deberá en primer término recurrir a esas fuentes que le entregarán una información acabada de lo que busca.

Fuentes de Información.

Existen innumerables fuentes a las cuales un potencial importador puede recurrir para obtener la información de quien vende el producto y en donde se encuentra ubicado, con su respectiva dirección. Estas fuentes son entre otras las siguientes:

- Cámaras de comercio binacionales. Por ejemplo (Chileno-Suiza).
- Agregadurías comerciales de las embajadas extranjeras.
- Publicaciones especializadas.
- Guía telefónicas extranjeras.
- Bancos comerciales
- Ferias internacionales
- Delegaciones comerciales que visitan el país.
- Internet
- Etc.

El Contacto con el exterior

Al haber recopilado la información que nos interesaba, es decir, averiguar sobre los posibles productores, las direcciones de los mismos, procederemos entonces al análisis de los mismos, es decir en donde o en qué país se encuentran y si ese país es de nuestra conveniencia o no.

Cuando, después del estudio seleccionamos a los productores, fabricantes u otros, entonces procederemos a ponernos en contacto con ellos.

Existen diferentes formas de ponernos en contacto con nuestros potenciales vendedores o exportadores extranjeros, entre las cuales se encuentran las siguientes:

- Carta
- Mail
- Fax
- E-Mail
- Etc.

Todas las formas identificadas anteriormente son válidas, pero por ser la primera vez, es conveniente utilizar la tradicional carta, pues le da una mayor seriedad a nuestro contacto. Posteriormente nos podremos comunicar a través de un fax, e- mail u otra forma, pero en la primera comunicación, la carta es muy importante.

Al momento de contactarse deberá tener claro todo lo relacionado con el producto que está solicitando, en términos de características, tipo, variedad, precios, forma de pago, vía de transporte, cláusula de compra y venta (Incoterms), moneda, etc. Al respecto debemos aclarar lo siguiente:

a.- Usted está solicitando información sobre el producto para adquirirlo y posteriormente importarlo.

b.- Usted está solicitando directamente que le envíen una cotización de precios a través de un documento denominado Factura Pro- Forma o carta oferta.

Dependiendo de cuantas cartas solicitando información haya enviado, será entonces el número de respuestas que reciba. Es recomendable que si le llega una primera respuesta, no conteste de inmediato sino que espere a que lleguen las otras respuestas, esto, para que usted sentado en su escritorio pueda apreciar las diferentes ofertas que tiene frente a sí y pueda analizarlas y luego tomar la decisión acerca de la más conveniente para sus intereses.

En muchas ocasiones, las respuestas que usted recibirá vendrán acompañadas por catálogos, fotografías, discos compactos, etc., todo para que usted se forme una idea más acabada no solamente del producto sino también de la empresa con la cual entrará en relaciones comerciales.

Existen dos elementos que usted debe conocer al momento de ponerse en contacto y estos dos elementos ya mencionados anteriormente son:

a.- La cláusula de compra y venta o Incoterm (Las condiciones de la compra y venta).

b.- El documento denominado factura Pro- Forma (cotización de precios)

Para entender lo anterior deberemos explicar en qué consiste una y otra.

Las condiciones de la compra y venta o Incoterms

Al momento de ponerse en contacto con su potencial proveedor extranjero, en la carta misma, deberá señalar bajo qué términos comprará, en otras palabras cual será para usted el Incoterms (término de comercio internacional), más adecuado a sus intereses. Al respecto debemos señalar que existen varios tipos de cláusulas de compra y venta.

a) INCOTERMS

Reciben el nombre de *INCOTERMS*, los términos comerciales a que pueden llegar los participantes (importadores y exportadores) en las transacciones de comercio internacional .El objetivo de éstos términos comerciales o *Incoterms* es el de establecer una serie de reglas internacionales, de carácter facultativo para la interpretación de los principales términos utilizados en los contratos de venta con el extranjero. Estos términos internacionales uniformes, están destinados a los hombres de negocios que prefieren la certeza de reglas internacionales uniformes a la incertidumbre que ocasiona la diversidad de interpretaciones que pueden darse a los mismos términos en diferentes países.

Es muy frecuente que las partes participantes en un contrato ignoren las diferencias existentes en las prácticas comerciales en sus respectivos países. Esta diversidad de interpretaciones es una constante fuente que obstaculiza el comercio internacional .De allí nacen entonces los malentendidos, pleitos y litigios, con toda la pérdida de dinero y tiempo que ello implica. Fue en consecuencia con este propósito, esto es, proporcionar a los comerciantes un instrumento que les permitiera eliminar las principales causas de las dificultades de este orden que la Cámara de Comercio Internacional, publicó por primera vez allá por el año 1936, las *reglas internacionales* para la interpretación de los términos comerciales conocidos como *Incoterms* y que fueron modificándose con el correr del tiempo hasta los que actualmente conocemos hoy en día.

Las principales dificultades que encontraron los importadores y los exportadores son de tres magnitudes:

Primero.

La incertidumbre de las leyes nacionales que se aplican en el contrato.

Segundo.

Las dificultades provenientes de la falta de información.

Tercero.

La diversidad de interpretaciones.

De esta manera la utilización de los **Incoterms**, puede reducir considerablemente todas esas dificultades que obstaculizan el comercio internacional.

Los principales términos de comercio internacional o Incoterms, también conocidos como cláusulas de compra y venta son los siguientes:

EXW = EX FÁBRICA

Significa que la única responsabilidad del vendedor, es poner su mercancía a disposición del comprador en su propio local.

FCA = FRANCO EN EL MEDIO DE TRANSPORTE

El vendedor debe entregar la mercancía lista para su exportación al transportista en el lugar indicado en las condiciones de embarque.

FAS = FRANCO AL COSTADO DE LA NAVE

El vendedor se hace responsable de colocar la mercancía al costado de la nave en el muelle o en las barcazas, en el lugar indicado en la cotización.

FOB = FRANCO A BORDO

Cuando el vendedor se responsabiliza de colocar la mercancía a bordo de una nave en el puerto indicado en el contrato de venta.

CFR = COSTO Y FLETE

El vendedor debe hacer el despacho de la mercancía para su exportación y pagar los costos y el flete necesario para transportarla al destino indicado.

CIF = COSTO, SEGURO Y FLETE

Es un término similar al CFR, pero en este caso, el vendedor también debe contratar un seguro marítimo para la mercancía del comprador.

CPT = TRANSPORTE PAGADO HASTA

Es un término equivalente al CFR, pero que se utiliza para el transporte que no sea marítimo.

CIP = TRANSPORTE Y SEGURO PAGADO HASTA

Es un término equivalente a CIF, pero se utiliza para el transporte que no sea marítimo.

DAF = ENTREGADO EN LA FRONTERA

El vendedor cumple con sus obligaciones, cuando la mercancía para su exportación se pone a disposición del comprador, antes del punto fronterizo aduanero de destino.

DES = ENTREGADO EX NAVE

Término usado normalmente para el envío de mercancías por vía marítima. El comprador actúa cuando la nave llega al punto de destino indicado.

DEQ = ENTREGADO EX MUELLE

Término utilizado también normalmente para envíos por vía marítima. El comprador actúa en el muelle del punto de destino indicado.

DDU = ENTREGADO CON LOS DERECHOS ADUANEROS NO PAGADOS

Cuando el vendedor se encarga de todo lo necesario para entregar la mercancía en el lugar convenido, a excepción del desaduanamiento en el país de destino.

DDP = ENTREGADO CON LOS DERECHOS ADUANEROS PAGADOS.

Significa que el vendedor se hace cargo de todo, incluyendo los procedimientos necesarios para el despacho de la mercancía y el pago de los derechos aduaneros.

EXPLICACION A LAS CLAUSULAS DE COMPRA Y VENTA O INCOTERMS

EX FABRICA

También recibe el nombre de *en factoría, en plantación, en almacén* o bien podemos encontrar su denominación inglesa *Ex Work*. Para el objeto de nuestro análisis la utilizaremos con el nombre de *Ex Fábrica*. (Vale decir *En Fábrica*). Este término significa que la única responsabilidad del vendedor es poner las mercancías a disposición del comprador en su establecimiento, esto es, en la fábrica. En particular el no es responsable por cargar las mercaderías sobre el vehículo suministrado por el comprador, salvo acuerdo en contrario. El comprador debe asumir en consecuencia todos los gastos y riesgos inherentes al transporte de las mercancías de este punto y hasta el lugar de destino. Esta obligación representa así la obligación mínima para el vendedor.

En otras palabras, la cláusula de compra y venta *Ex Fabrica* es el precio de las mercancías puestas en la fábrica por parte del vendedor y el comprador por tanto, deberá asumir todos los gastos restantes, tanto internos en el país del vendedor como los externos de flete internacional y de seguro si lo contratase.

Obligaciones del vendedor.

De acuerdo con los términos de la cláusula Ex Fábrica, el vendedor deberá:

a.- Entregar la mercadería de acuerdo con los términos del contrato de venta, suministrando todas las pruebas de conformidad requeridas por el mismo contrato.

b.- Poner la mercadería a disposición del comprador dentro de los plazos estipulados en el contrato, en el punto de entrega en el lugar convenido habitualmente previsto para la entrega de esta clase de mercadería y para su carga sobre los vehículos suministrados por el comprador.

c.- Proveer por su cuenta, si hubiere lugar, el embalaje necesario para permitir al comprador tomar posesión de la mercadería.

d.- Avisar al comprador dentro de un plazo razonable, la fecha en que la mercadería se encontrará a su disposición.

e.- Asumir los gastos de las operaciones de verificación (tales como verificación de la calidad, medida, peso y recuento) necesarias para poner las mercaderías a disposición del comprador.

f.- Asumir los gastos y riesgos de la mercadería hasta el momento en que haya sido puesta a disposición del comprador, dentro de los plazos previstos en el contrato.

g.- Prestar al comprador, si éste lo solicita, pero por su cuenta y riesgo, toda ayuda necesaria, para obtener los documentos que se expidan en el país de despacho y/o de origen y que pueda necesitar el comprador para los propósitos de exportación o de importación (y llegado el caso para su tránsito a través de otro país)

Obligaciones del comprador.

En relación con la cláusula de compra y venta Ex Fábrica, el comprador tendrá las siguientes obligaciones:

a.- Tomar posesión de las mercaderías tan pronto sea puesta a su disposición en el lugar y dentro de los plazos estipulados en el contrato y pagar el precio convenido.

b.- Asumir todos los gastos y riesgos de la mercadería a partir del momento en que sea puesta a su disposición, siempre y cuando la mercancía haya sido individualizada en forma apropiada, es decir, claramente separada o identificada de cualquiera otra forma que indique que se trata de la mercadería objeto del contrato.

c.- Asumir los derechos o impuestos que pudieran eventualmente gravar la exportación

d.- Si se ha reservado un plazo para tomar posesión de la mercadería y/o el derecho a escoger el lugar de entrega y siempre que no haya dado a tiempo las instrucciones precisas, soportar los gastos adicionales resultantes de esta situación y asumir cuanto riesgo pueda correr la mercadería a partir de la fecha de vencimiento del plazo convenido, siempre y cuando la mercadería haya sido individualizada en forma apropiada, es decir, claramente separada e identificada de cualquier forma que indique que se trata de la mercadería objeto del contrato.

f.- Asumir los gastos de obtención y el costo de los documentos contemplados como documentación de embarque, incluidos los certificados de origen, licencias de exportación y los gastos consulares.

FCA = FRANCO EN EL MEDIO DE TRANSPORTE

Significa que el vendedor entrega la mercancía, despachada para la exportación, al transportista nombrado por el comprador en el lugar convenido. Debe observarse que el lugar de entrega elegido influye en las obligaciones de carga y descarga de la mercancía en ese lugar. Si la entrega tiene lugar en los locales del vendedor, éste es responsable de la carga. Si la entrega ocurre en cualquier otro lugar, el vendedor no es responsable de la descarga.

A. *Obligaciones del vendedor*

A1 *Suministro de la mercancía de conformidad con el contrato.*

El vendedor debe suministrar la mercancía y la factura comercial, o su mensaje electrónico equivalente, de acuerdo con el contrato de compraventa, así como cualquier otra prueba de conformidad que pueda exigir el contrato.

A2 *Licencias, autorizaciones y formalidades*.

El vendedor debe obtener, a su propio riesgo y expensas, cualquier licencia de exportación u otra autorización oficial y realizar, cuando sea pertinente, todos los trámites aduaneros necesarios para la exportación de las mercancías.

A3 *Contrato de transporte y seguro*.

a) Contrato de transporte.

Ninguna obligación. Sin embargo, si es requerido por el comprador o si es práctica comercial y el comprador no da instrucciones en sentido contrario con la debida antelación, el vendedor puede contratar el transporte en las condiciones usuales, a riesgo y expensas del comprador. En cualquier caso, el vendedor puede rehusar concluir el contrato y, en ese caso, lo comunicará rápidamente al comprador.

b) Contrato de seguro

Ninguna obligación.

A4 *Entrega*

El vendedor debe entregar la mercancía al transportista o a otra persona designada por el comprador, o elegida por el vendedor de conformidad con A3 a), en el lugar convenido y en la fecha o dentro del período acordado para la entrega.

La entrega se completa:

a) si el lugar acordado es el local del vendedor, cuando la mercancía ha sido cargada en el medio de transporte proporcionado por el transportista designado por el comprador o por otra persona que actúa por su cuenta.

b) Si el lugar acordado es cualquier otro diverso de a), cuando la mercancía se pone a disposición del transportista o de otra persona designada por el comprador, o elegida por el vendedor de conformidad con A3 a), en los medios de transporte del vendedor no descargados.

Si no se ha designado ningún punto específico dentro del lugar acordado, y si hay diversos puntos disponibles, el vendedor puede elegir el punto del lugar de entrega que mejor se adecúe a su conveniencia. A falta de instrucciones precisas del comprador, el vendedor puede entregar la mercancía para el transporte en la forma que lo requiera el modo de transporte y/o la cantidad y/o la naturaleza de la mercancía.

A5 *Transmisión de riesgos*

El vendedor debe, con sujeción a las previsiones de B5, correr con todos los riesgos de pérdida o daño de la mercancía hasta el momento en que haya sido entregada de conformidad con A4.

A6 *Reparto de gastos*

El vendedor debe, con sujeción a las previsiones de B6, pagar:

- todos los gastos relativos a la mercancía hasta el momento en que haya sido entregada de conformidad con A4; y
- cuando sea pertinente, los gastos de los trámites aduaneros, así como los derechos, impuestos y demás cargas exigibles a la exportación

A7 Aviso al comprador

El vendedor debe dar al comprador aviso suficiente de que las mercancías han sido entregadas según A4. Si el transportista no recibe la entrega de conformidad con A4 en el momento acordado, el vendedor debe avisar al comprador al respecto.

A8 Prueba de la entrega, documento de transporte o mensaje electrónico equivalente.

El vendedor debe, a sus propias expensas, proporcionar al comprador, la prueba usual de la entrega de las mercancías de conformidad con A4.

Salvo que el documento mencionado en el párrafo anterior sea el documento de transporte, el vendedor debe prestar al comprador, a petición, riesgo y expensas de este último, la ayuda precisa para conseguir un documento de transporte para el contrato de transporte (por ejemplo, un conocimiento de embarque negociable, una carta de porte marítimo no negociable, un documento de navegación interior, una carta de porte aéreo, un albarán de envío por ferrocarril, una nota de entrega de transporte por carretera o un documento de transporte multimodal).

Si el vendedor y el comprador han acordado comunicarse electrónicamente, el documento a que se refiere el párrafo anterior puede ser sustituido por un mensaje de intercambio electrónico de datos (EDI) equivalente.

A9 Comprobación - embalaje- marcado

El vendedor debe pagar los gastos de aquellas operaciones de verificación (como comprobar la calidad, medida, peso, recuento) necesarias al objeto de entregar la mercancía de **conformidad con A4.**

El vendedor debe proporcionar a sus propias expensas el embalaje (a menos que sea usual en el tráfico específico enviar las mercancías descritas en el contrato sin embalar) requerido para el transporte de la mercancía, en la medida en que las circunstancias relativas al transporte (por ejemplo modalidades, destino) sean dadas a conocer al vendedor antes de la conclusión del contrato de compraventa. El embalaje ha de ser marcado

A10 *Otras obligaciones*

El vendedor debe prestar al comprador, a petición, riesgo y expensas de este último, la ayuda precisa para obtener cualquier documento o mensaje electrónico equivalente (diverso de aquellos mencionados en A8) emitido o transmitido en el país de entrega y/o de origen que el comprador pueda requerir para la importación de la mercancía y, si es necesario, para su tránsito por cualquier país.

El vendedor debe proporcionar al comprador, a petición de este último, la información necesaria para obtener un seguro.

"B" *Obligaciones del Comprador.*

B1 *Pago del precio*.

El comprador debe pagar el precio según lo dispuesto en el contrato de compraventa.

B2 *Licencias, autorizaciones y formalidades*.

El comprador debe obtener, a su propio riesgo y expensas, cualquier licencia de importación u otra autorización oficial y realizar, cuando sea pertinente, todos los trámites aduaneros para la importación de las mercancías y para su tránsito por cualquier país.

B3 *Contrato de transporte*.

a) Contrato de transporte

El comprador debe contratar, a sus propias expensas, el transporte de la mercancía desde el lugar convenido, excepto cuando el contrato de transporte es concertado por el vendedor tal como se prevé en A3 a).

b) Contrato de seguro

Ninguna obligación.

B4 *Recepción de la entrega*.

El comprador debe recibir la entrega de la mercancía cuando haya sido entregada de conformidad con A4.

B5 *Transmisión de riesgos*.

El comprador debe correr con todos los riesgos de pérdida y daño de las mercancías.

- desde el momento en que haya sido entregada de conformidad con A4; y
- desde la fecha acordada o desde la fecha de expiración de cualquier plazo acordado para la entrega, bien porque no haya designado al transportista o la parte designada por el comprador no se hacen cargo de la mercancía en el momento acordado, o porque el comprador omite dar aviso suficiente con arreglo a B7, siempre que, no obstante, la mercancía haya sido debidamente determinada según el contrato, es decir, claramente puesta aparte o identificada de otro modo como la mercancía objeto del contrato.

B6 *Reparto de gastos*.

El comprador debe pagar:

- todos los gastos relativos a la mercancía desde el momento en que haya sido entregada de conformidad con A4; y
- cualquier gasto adicional contraído, bien porque no designa al transportista o a otra persona nombrada de conformidad con A4 o bien porque la parte designada por el comprador no se hace cargo de la mercancía en el momento acordado, o porque no da el aviso suficiente de acuerdo con B7, siempre que, no obstante, la mercancía haya sido debidamente determinada según el contrato, es decir, claramente puesta aparte o

identificada de otro modo como la mercancía objeto del contrato.

- cuando sea pertinente, todos los derechos, impuestos y demás cargas, así como los gastos para realizar los trámites aduaneros exigibles a la importación de la mercancía y en su tránsito por cualquier país.

B7 *Aviso al vendedor*.

El comprador debe dar al vendedor aviso suficiente sobre el nombre de la parte designada según A4 y, cuando sea necesario, especificar el modo de transporte, así como la fecha o plazo dentro del que debe entregársele la mercancía y, llegado el caso, el punto dentro del lugar en que las mercancías deberían ser entregadas a aquella parte.

B8 *Prueba de la entrega, documento de transporte o mensaje electrónico equivalente*.

El comprador debe aceptar la prueba de la entrega, de acuerdo con A8.

B9 *Inspección de la mercancía*.

El comprador debe pagar los gastos de cualquier inspección previa al embarque, excepto cuando tal inspección sea ordenada por las autoridades del país de exportación.

B10 *Otras obligaciones*.

El comprador debe pagar todos los gastos y cargas contraídos para obtener los documentos o mensajes electrónicos equivalentes mencionados en A10 y reembolsar aquéllos en que haya incurrido el vendedor al prestar su ayuda al respecto y al contratar el transporte de conformidad con A3 a).

El comprador debe dar al vendedor las instrucciones adecuadas cuando se requiera la ayuda de éste último para contratar el transporte de conformidad con A3 a).

CLAUSULA F A S

En relación con esta cláusula de compra y venta, su significado en inglés es *Free Along Side Ship o Free At Side* (Libre al costado del buque o libre al costado).

De acuerdo con el último término, las obligaciones del vendedor se cumplen cuando las mercaderías han sido entregadas al costado de la nave, sobre el muelle o en lanchones. Esto significa que el comprador debe, a partir de este momento, asumir por su cuenta y riesgo la pérdida o los daños de la mercadería. En otras palabras, el vendedor fija el precio de las mercancías al costado de la nave.

Obligaciones del vendedor.

Para dar cumplimiento a la cláusula *FAS,* el vendedor deberá:

a.- Entregar las mercaderías de acuerdo a los términos del contrato de venta, suministrando todas las pruebas de conformidad requeridas por el mismo contrato.

b.- Entregar la mercadería al costado del buque en el lugar de carga designado por el comprador en el puerto de embarque convenido, según sea la forma habitual en el puerto, en la fecha o dentro del plazo convenido, y avisar sin demora al comprador de que la mercadería ha quedado entregada al costado de la nave.

c.- Prestar al comprador, si éste lo solicita, pero por su cuenta y riesgo, toda la ayuda necesaria para obtener la licencia de exportación o cualquier otra autorización gubernamental necesaria para la exportación de la mercadería.

d.- Asumir todos los gastos y riesgos de la mercadería al momento en que efectivamente sea puesta al costado de la nave en el puerto de embarque convenido, incluido los gastos de todo trámite que deba cumplir para entregar la mercadería al costado de la nave.

e.- Proveer por su cuenta el embalaje usual de la mercadería a menos que sea costumbre en el mercado enviar el producto sin embalar.

f.- Asumir los gastos de las operaciones de verificación (tales como verificación de la calidad, medida, peso y recuento), necesarias para la entrega de la mercadería al costado de la nave.

g.- Suministrar por su cuenta el documento usual limpio que certifique claramente la entrega de la mercadería al costado de la nave.

h.- Suministrar al comprador, siempre que éste así lo solicite y lo pague, el certificado de origen.

i.- Prestar al comprador, si éste lo solicita, pero por su cuenta y riesgo, toda la ayuda necesaria para obtener los documentos de embarque y los que se expidan en el país de despacho y/o origen (excepto el conocimiento de embarque y /o los documentos consulares) que pueda necesitar el comprador para la importación de la mercadería al país de destino (y llegado el caso para su tránsito a través de otro país)

Obligaciones del comprador.

En relación con la cláusula *FAS*, el comprador deberá cumplir lo siguiente:

a.- Dar aviso oportunamente al vendedor del nombre del buque, del lugar de carga y de la fecha de entrega.

b.- Asumir todos los gastos y riesgos de la mercadería a partir del momento en que ésta haya sido entregada efectivamente al costado de la nave, en el puerto de embarque.

c.- Si la nave por él señalada no se presenta oportunamente o no puede cargar la mercadería o termina de cargar antes de la fecha convenida ,soportar todos los gastos adicionales causados y asumir cuanto riesgo pueda correr la mercadería a partir del momento en que el vendedor la haya puesto a disposición del comprador, siempre y cuando la mercadería haya sido individualizada en forma apropiada, es decir, claramente separada o identificada de cualquier otra forma que indique que se trata de la mercadería objeto del contrato.

d.- Si él no ha señalado oportunamente el nombre del buque o si se ha reservado un plazo para tomar posesión de la mercadería y/o el derecho a escoger el puerto de embarque y siempre que no haya dado tiempo a instrucciones precisas, soportar todos los gastos adicionales causados y asumir cuanto riesgo pueda correr la mercadería a partir de la fecha de vencimiento del plazo convenido para la entrega, siempre y cuando la mercadería haya sido individualizada en forma apropiada ,es decir, claramente separada o identificada de cualquier otra forma que indique que se trata de la mercadería objeto del contrato.

e.- Asumir los gastos de obtención y el costo de los documentos de embarque.

CLAUSULA DE COMPRA Y VENTA FOB

Esta cláusula de compra y venta significa en inglés *Free On Board* que en castellano se traduce como *Libre a bordo*. Al respecto bajo éste término el vendedor cotiza su precio que cubre todos los gastos hasta la entrega de las mercancías a bordo de la nave, en el puerto de embarque. En otras palabras, el vendedor fija su precio hasta la puesta de las mercaderías sobre la nave.

Obligaciones del vendedor.

Al haberse pactado la compra y venta en cláusula *FOB*, el vendedor deberá:

a.- Pagar todos los gastos incurridos en la colocación efectiva de la mercadería a bordo de la nave designada por el comprador en la fecha y dentro del plazo convenido.

b.- Hacer entrega de un conocimiento de embarque limpio, es decir, sin reparos, donde conste que la mercadería fue embarcada dentro de los términos y períodos ya indicados.

c.- Hacerse responsable de cualquier pérdida o daño que pudiera sufrir la mercadería antes de que ésta haya sido puesta a bordo de la nave.

d.- Prestar ayuda al comprador, a solicitud de éste y a expensas del mismo, para la obtención de documentos expedidos en el país de origen o de embarque, que el comprador pudiese necesitar para efectos de la importación hacia el país de destino de las mercaderías.

Obligaciones del comprador.

En relación con la cláusula *FOB* el comprador deberá:

a.- Dar aviso oportuno del nombre de la nave, fecha de zarpe, puerto de embarque y fecha en que debe hacerse la entrega de las mercaderías a dicho buque.

b.- Asumir todos los costos adicionales que sean inherentes al embarque de la mercadería y todos los riesgos desde el momento en que el vendedor las coloca a su disposición, si es que el buque deja de llegar o cargar dentro del plazo estipulado.

c.- Manejar todos los movimientos sub-siguientes de la mercadería hasta su llegada al puerto de destino.

d.- Asumir la responsabilidad de cualquier pérdida o daño después que la mercadería haya sido puesta abordo de la nave.

e.- Pagar todos los costos y gastos incurridos en la obtención de los documentos distintos del Conocimiento de Embarque Limpio, emitidos en el país de origen o puerto de embarque, los que pueden ser requeridos para fines de importación en el lugar de destino.

CFR. CLAUSULA DE COMPRA COSTO Y FLETE

Esta cláusula de compra y venta se traduce en inglés como *Cost And Freight.* (*Costo y Flete*). Bajo este término el vendedor cotiza o fija su precio que incluye el costo de transporte al punto de destino. En otras palabras, el vendedor fija el precio de las mercaderías, considerando el costo de las mismas y el flete internacional de ellas.

Obligaciones del vendedor.

De acuerdo con la cláusula de compra Costo y Flete, el vendedor deberá:

a.- Proveer y cancelar el transporte al puerto de destino acordado.

b.- Pagar los derechos de exportación o cualquier otro impuesto o cargo, si los hubiese, causados en virtud de la exportación.

c.- Obtener y despachar prontamente al comprador el conocimiento de embarque limpio que cubre el transporte de la mercadería hasta llegar a su lugar de destino.

d.- Cuando se haya requerido el conocimiento de embarque, "A bordo", deberá responsabilizarse de las pérdidas o daños, o de ambos, hasta que la mercadería haya sido entregada a la custodia del buque.

e.- Suministrar a solicitud y a expensas del comprador, certificados de origen, facturas consulares o cualquier otro documento.

Obligaciones del comprador.

En relación con esta cláusula de compra y venta, el comprador deberá:

a.- Aceptar los documentos cuando le sean presentados.

b.- Hacerse cargo de las mercaderías a su llegada, manejar y pagar todos los movimientos sub siguientes de la mercadería, incluyendo su recepción desde el buque, de acuerdo con las cláusulas y términos del *conocimiento de embarque*; pagar todos los costos de desembarque, incluyendo derechos aduaneros, impuestos, porteo y, cualquier otro gasto en el puerto de destino previsto.

c.- Proveer y pagar el seguro de las mercaderías, si lo hubiese contratado.

d.- Hacerse responsable de pérdidas o daños, desde el momento y lugar en que hayan cesado las obligaciones del vendedor.

Para protección del vendedor, éste deberá hacer estipular en el contrato de venta que el seguro marítimo, obtenido por el comprador, incluya la cláusula normal sobre seguro de bodega a bodega, más 60 días de estadía en almacenes de aduana.

CLAUSULA DE COMPRA Y VENTA C.I.F.

Al respecto esta cláusula de compra y venta en su significación inglesa se traduce como *Cost-Insurance and Freigth*, que significa en castellano, *Costo Seguro y Flete*. En estos términos, el vendedor cotiza un precio incluyendo el costo de las mercaderías, el seguro y todos los gastos de transporte hasta el puerto de destino o de descarga. En otras palabras, el vendedor fija el precio de las mercaderías tomando en cuenta el costo, el seguro y el flete.

Obligaciones del vendedor.

De acuerdo con esta cláusula de compra y venta, el vendedor deberá:

a.- Proveer y pagar el flete de transporte hasta el puerto de descarga.

b.- Pagar los derechos de exportación u otros impuestos o cargos, si los hubiese, causados a raíz de la exportación o venta.

c.- Tomar un seguro "contra todo riesgo, incluso guerra o huelga", según sea obtenible en el mercado del vendedor en el momento del embarque.

d.- Proveer y pagar el seguro marítimo o aéreo según corresponda.

e.- Proceder prontamente al despacho de todos los documentos que sean inherentes a la venta incluido por supuesto el conocimiento de embarque, limpio a bordo, la póliza de seguro contra todo riesgo y la factura comercial de origen que cubra la mercadería misma.

Obligaciones del comprador.

Con respecto a la cláusula *CIF*, el comprador deberá:

a.- Aceptar los documentos cuando se le presenten, suponiendo que estos cumplen con las exigencias hechas al vendedor.

b.- Alzar discrepancias o aceptarlas, siempre que ello no perjudique al comprador.

c.- Hacerse cargo de las mercaderías a su arribo; manejar y pagar todos los gastos sub-siguientes de la misma, incluyendo su recepción desde el buque o avión, de acuerdo a las cláusulas de fletamento; pagar todos los costos de descarga, incluyendo derechos de aduana, impuestos, porteos y otros gastos que se produzcan hasta la llegada de la mercadería a bodega.

CLAUSULA DE COMPRA CPT = TRANSPORTE PAGADO HASTA.

Significa que el vendedor realiza la entrega de la mercancía cuando la pone a disposición del transportista designado por él; pero, además, que debe pagar los costes del transporte necesario para llevar la mercancía al destino convenido. Esto significa que el comprador asume todos los riesgos y cualquier otro coste contraídos después de que la mercancía haya sido así entregada.

El término CPT exige que el vendedor despache la mercancía de aduana para la exportación.

"A" Obligaciones del vendedor.

A 1 *Suministro de la mercancía de conformidad con el contrato*

El vendedor debe suministrar la mercancía y la factura comercial, o su mensaje electrónico equivalente, de acuerdo con el contrato de compraventa, así como cualquier otra prueba de conformidad que pueda exigir el contrato.

A 2 *Licencias, autorizaciones y formalidades*

El vendedor debe obtener, a su propio riesgo y expensas, cualquier licencia de exportación u otra autorización oficial y llevar a cabo, cuando sea pertinente, todos los trámites aduaneros necesarios para la exportación de la mercancía.

A 3 *Contrato de transporte y seguro*

a) Contrato de transporte

El vendedor debe contratar en las condiciones usuales a sus propias expensas, el transporte de la mercancía al punto acordado en el lugar convenido, por la ruta usual y en una forma acostumbrada. Si ningún punto se ha acordado o no lo determina la práctica, el vendedor puede elegir el punto en el lugar de destino convenido que mejor se adecúe a su conveniencia.

b) Contrato de seguro

Ninguna obligación.

A 4 *Entrega*

El vendedor debe entregar la mercancía al transportista contratado de conformidad con A3 a) o, si hay porteadores sucesivos, al primer porteador, para el transporte hasta el punto acordado en el lugar convenido, y en la fecha o dentro del período acordados.

A 5 *Transmisión de riesgos*.

El vendedor debe, con sujeción a las previsiones de B5, soportar todos los riesgos de pérdida o daño de la mercancía hasta el momento en que haya sido entregada según A4.

"B" *Obligaciones del comprador*

B1 *Pago del precio*

El comprador debe pagar el precio según lo dispuesto en el contrato de compraventa.

B 2 *Licencias, autorizaciones y formalidades*.

El comprador debe obtener, a su propio riesgo y expensas, cualquier licencia de importación u otra autorización oficial y realizar, cuando sea pertinente, todos los trámites aduaneros para la importación de la mercancía y para su tránsito por cualquier país.

B 3 *Contrato de transporte*.

a) Contrato de transporte

Ninguna obligación.

b) Contrato de seguro

Ninguna obligación.

B 4 *Recepción de la entrega*.

El comprador debe aceptar la entrega de la mercancía cuando haya sido entregada de conformidad con A4 y recibirla del transportista en el lugar convenido.

B 5 *Transmisión de riesgos*.

El comprador debe soportar todos los riesgos de pérdida o daño de la mercancía desde el momento en que haya sido entregada según A4. El comprador debe, si no da aviso con arreglo a B7, correr con todos los riesgos de la mercancía desde la fecha de expiración del período fijado para la entrega, siempre que, no obstante, la mercancía haya sido debidamente determinada según el contrato, es decir, claramente puesta aparte o identificada de otro modo como la mercancía objeto del contrato.

B 6 *Reparto de gastos*.

El comprador debe, con sujeción a las previsiones de A3, pagar:

- todos los gastos relativos a la mercancía desde el momento en que ha sido entregada de acuerdo con A4; y
- todos los gastos y cargas relativos a la mercancía mientras está en tránsito hasta su llegada al lugar de destino convenido, salvo que tales gastos y cargas fueran por cuenta del vendedor según el contrato de transporte; y

- los gastos de descarga, salvo que esos costes y cargas fueran por cuenta del vendedor según el contrato de trasporte; y

- todos los gastos adicionales contraídos en relación con la mercancía, si no da aviso con arreglo a B7, desde la fecha acordada o desde la fecha de expiración del período fijado para la expedición, siempre que, no obstante, la mercancía haya sido debidamente determinada según el contrato, es decir, claramente puesta aparte o identificada de otro modo como la mercancía objeto del contrato; y

- cuando sea pertinente **7,** todos los derechos, impuestos y demás cargas, así como los costes para realizar los trámites aduaneros exigibles a la importación de la mercancía y por su tránsito por cualquier país, salvo que estén incluidos dentro de los costes previstos en el contrato de transporte.

B 7 *Aviso al vendedor*

El comprador debe, cuando esté autorizado para determinar el momento de expedir la mercancía y/o el destino, dar aviso suficiente al vendedor al respecto.

B 8 *Prueba de la entrega, documento de transporte o mensaje electrónico equivalente*.

El comprador debe aceptar el documento de transporte de acuerdo con A8, si es conforme al contrato.

CLAUSULA CIP = TRANSPORTE Y SEGURO PAGADO HASTA.

Significa que el vendedor realiza la entrega de la mercancía cuando la pone a disposición del transportista designado por él mismo pero, debe pagar, además, los costes del transporte necesario para llevar la mercancía al destino convenido. Esto significa que el comprador asume todos los riesgos y cualquier otro coste adicional que se produzca después de que la mercancía haya sido así entregada. No obstante, bajo el término *CIP* el vendedor también debe conseguir un seguro contra el riesgo que soporta el comprador por la pérdida o daño de la mercancía durante el transporte.

Consecuentemente, el vendedor contrata el seguro y paga la prima del seguro.

El comprador debe observar que, según el término *CIP*, se exige al vendedor conseguir un seguro sólo con cobertura mínima. Si el comprador desea tener la protección de una cobertura mayor, necesitará acordarlo expresamente con el vendedor o bien concertar un seguro complementario.

"A" *Obligaciones del vendedor.*

A 1 *Suministro de la mercancía de conformidad con el contrato*

El vendedor debe suministrar la mercancía y la factura comercial, o su mensaje electrónico equivalente, de acuerdo con el contrato de compraventa, así como cualquier otra prueba de conformidad que pueda exigir el contrato.

A 2 *Licencias, autorizaciones y formalidades.*

El vendedor debe obtener, a su propio riesgo y expensas, cualquier licencia de exportación u otra autorización oficial y llevar a cabo, cuando sea pertinente, todos los trámites aduaneros necesarios para la exportación de la mercancía.

A 3 *Contrato de transporte y seguro.*

a) Contrato de transporte

El vendedor debe contratar en las condiciones usuales y a sus propias expensas, el transporte de la mercancía al punto acordado del lugar de destino convenido, por una ruta usual y en la forma acostumbrada. Si un punto no se ha acordado o no lo determina la práctica, el vendedor puede elegir el punto del lugar de destino convenido que mejor se adecúe a su conveniencia.

b) Contrato de seguro

El vendedor debe obtener, a sus propias expensas, un seguro de la carga según lo acordado en el contrato, que faculte al comprador o a cualquier otra persona que tenga un interés asegurable sobre la mercancía, para reclamar directamente al asegurador, debiendo además proporcionar al comprador la póliza de seguro u otra prueba de la cobertura del seguro.

El seguro será contratado con aseguradores o con una compañía de seguros de buena reputación y, a falta de acuerdo expreso en contrario, será conforme a la cobertura mínima prevista por las cláusulas sobre facultades del Instituto de Aseguradores de Londres (Institute of London Underwriters) o con cualquier conjunto de cláusulas similar. La duración de la cobertura del seguro habrá de estar de acuerdo con B5 y B4.

A petición del comprador y a sus expensas, el vendedor proporcionará, un seguro contra los riesgos de guerras, huelgas, motines y disturbios civiles en el contrato más un diez por ciento (esto es, 110%) y será concertado en la moneda del contrato.

A 4 *Entrega.*

El vendedor debe entregar la mercancía al transportista contratado de conformidad con A3 a) o, si hay transportistas sucesivos, al primer porteador, para su transporte hasta el punto acordado del lugar convenido, en la fecha o dentro del período acordado.

A 5 *Transmisión de riesgos.*

El vendedor debe, con sujeción a las previsiones de B5, soportar todos los riesgos de pérdida o daño de la mercancía hasta el momento en que haya sido entregada de conformidad con A4.

A 6 *Reparto de gastos.*

El vendedor debe, con sujeción a las previsiones de B6, pagar:

- todos los gastos relacionados con la mercancía hasta el momento en que haya sido entregada de conformidad con A4, así como el flete y todos los demás costes resultantes de A3 a), incluidos los de cargar la mercancía y cualquier gasto de descarga en el lugar de destino que fuera por cuenta del vendedor según el contrato de transporte; y

- los gastos del seguro resultantes de A3 b); y

- cuando sea pertinente, los costes de los trámites aduaneros necesarios para la exportación, así como todos los derechos, impuestos y demás cargas exigibles a la exportación y por el tránsito de la mercancía por cualquier país, si fueran por cuenta del vendedor según el contrato de transporte.

A 7 *Aviso al comprador.*

El vendedor debe dar al comprador aviso suficiente de que la mercancía ha sido entregada de conformidad con A4, así como cualquier otra información que precise el comprador para adoptar las medidas normalmente necesarias que le permitan recibir la mercancía.

A 8 *Prueba de la entrega, documento de transporte o mensaje electrónico equivalente.*

El vendedor debe proporcionar al comprador, a expensas del primero, si es costumbre, el documento o los documentos de transporte (por ejemplo, un conocimiento de embarque negociable, una carta de porte marítimo no negociable, un documento de navegación interior, una carta de porte aéreo, un albarán de envío por ferrocarril, una nota de entrega de transporte por carretera o un documento de transporte multimodal) para el transporte contratado de conformidad con A3.

Si el vendedor y el comprador han acordado comunicarse electrónicamente, el documento a que se refiere el párrafo anterior puede ser sustituido por un mensaje de intercambio electrónico de datos (EDI) equivalente.

A 9 *Comprobación - embalaje – marcado.*

El vendedor debe pagar los gastos de aquellas operaciones de verificación (como comprobar la calidad, medida, peso, recuento) necesarias al objeto de entregar la mercancía de conformidad con A4.

El vendedor debe proporcionar, a sus propias expensas, el embalaje (a menos que sea usual en el tráfico específico enviar la mercancía descrita en el contrato sin embalar) requerido para el transporte de la mercancía ordenado por él. El embalaje ha de ser marcado adecuadamente.

A 10 *Otras obligaciones.*

El vendedor debe prestar al comprador, a petición, riesgo y expensas de este último, la ayuda precisa para obtener cualquier documento o mensaje electrónico equivalente (diverso de aquellos mencionados en A8) emitido o transmitido en el país de expedición y/o de origen, que el comprador pueda requerir para la importación de la mercancía y para su tránsito por cualquier país.

El vendedor debe proporcionar al comprador, a petición de este último, la información necesaria para obtener cualquier seguro complementario.

"B" *Obligaciones del comprador.*

B 1 *Pago del precio.*

El comprador debe pagar el precio según lo dispuesto en el contrato de compraventa.

B 2 *Licencias, autorizaciones y formalidades.*

El comprador debe obtener, a su propio riesgo y expensas, cualquier licencia de importación u otra autorización oficial y realizar, cuando sea pertinente, todos los trámites aduaneros para la importación de la mercancía y para su tránsito por cualquier país.

B 3 *Contrato de transporte*.

a) Contrato de transporte

Ninguna obligación.

b) Contrato de seguro

Ninguna obligación.

B 4 *Recepción de la entrega*.

El comprador debe aceptar la entrega de la mercancía cuando haya sido entregada de conformidad con A4 y recibirla del trasportista en el lugar convenido.

B 5 *Transmisión de riesgos.*

El comprador debe soportar todos los riesgos de pérdida o daño de la mercancía desde el momento en que haya sido entregada de conformidad con A4.

El comprador debe, si no da aviso con arreglo a B7, soportar todos los riesgos sobre la mercancía desde la fecha acordada o desde la fecha de expiración del período fijado para la entrega, siempre que, no obstante, la mercancía haya sido debidamente determinada según el contrato, es decir, claramente puesta aparte o identificada de otro modo como la mercancía objeto del contrato.

6 *Reparto de gastos.*

El comprador debe, con sujeción a las previsiones de A3, pagar:

- todos los gastos relativos a al mercancía desde el momento en que haya sido entregada de acuerdo con A4; y

- todos los costes y cargas relativos a la mercancía mientras está en tránsito y hasta su llegada al lugar de destino convenido, salvo que tales costes y cargas fueran por cuenta del vendedor según el contrato de transporte; y

- los costes de descarga, salvo que esos costes y cargas fueran por cuenta del vendedor según el contrato de transporte; y

- todos los gastos adicionales contraídos en relación con la mercancía, si no da aviso según B7, desde la fecha acordada o desde la fecha de expiración del período fijado para la expedición, siempre que, no obstante, la mercancía haya sido debidamente determinada según el contrato, es decir, claramente puesta aparte o identificada de otro modo como la mercancía objeto del contrato; y

- cuando sea pertinente, todos los derechos, impuesto y demás cargas, así como los costes para llevar a cabo los trámites aduaneros exigibles a la importación de la mercancía y por su tránsito por cualquier país, salvo que estén previstos como tales en el contrato de transporte.

B 7 *Aviso al vendedor.*

El comprador debe, cuando esté autorizado para determinar el momento de expedir la mercancía y/o el destino, dar aviso suficiente al vendedor al respecto.

B 8 *Prueba de la entrega, documento de transporte o mensaje electrónico equivalente.*

El comprador debe aceptar el documento de transporte de acuerdo con A8, si es conforme al contrato.

CLAUSULA DAF = ENTREGADO EN LA FRONTERA

Significa que el vendedor realiza la entrega cuando la mercancía es puesta a disposición del comprador sobre los medios de transporte utilizados y no descargados, en el punto y lugar de la frontera convenida, pero antes de la aduana fronteriza del país colindante, debiendo esta la mercancía despachada de exportación pero no de importación. El término "frontera" puede usarse para cualquier frontera, incluida la del país de exportación. Por lo tanto, es de vital importancia que se defina exactamente la frontera en cuestión, designando siempre el punto y el lugar convenidos a continuación del término *DAF*.

No obstante, si las partes desean que el vendedor se responsabilice de la descarga de la mercancía de los medios de transporte utilizados y asuma los riesgos y costes de descarga, deben dejarlo claro añadiendo expresiones explícitas en ese sentido en el contrato de compraventa.

Este término puede emplearse con independencia del modo de transporte cuando la mercancía deba entregarse en una frontera terrestre. Cuando la entrega deba tener lugar en el puerto de destino, a bordo de un buque o en un muelle (desembarcadero), deben usarse los términos DES o DEQ.

"A" *Obligaciones del vendedor.*

A 1 *Suministro de la mercancía de conformidad con el contrato.*

El vendedor debe suministrar la mercancía y la factura comercial, o su mensaje electrónico equivalente, de acuerdo con el contrato de compraventa, así como cualquier otra prueba de conformidad que pueda exigir el contrato.

A 2 *Licencias, autorizaciones y formalidades.*

El vendedor debe obtener, a su propio riesgo y expensas, cualquier licencia de exportación u otra autorización oficial, así como cualquier otro documento necesario para poner la mercancía a disposición del comprador.
El vendedor debe llevar a cabo, cuando sea pertinente, todos los trámites aduaneros necesarios para la exportación de la mercancía hasta el lugar de entrega convenido en la frontera y para su tránsito a través de cualquier país.

A 3 *Contrato de transporte y seguro.*

a) Contrato de transporte

i) El vendedor debe contratar, a sus propias expensas, el transporte de la mercancía al punto convenido, si lo hay, en el lugar de entrega en la frontera. Si no se designó un punto en el lugar de entrega convenido en la frontera o no lo determina la práctica, el vendedor puede elegir el punto en el lugar de entrega convenido que mejor se adecúe a su conveniencia.

ii) Sin embargo, si lo solicita el comprador, el vendedor puede concertar el contrato en las condiciones usuales, a riesgo y expensas del comprador, para el transporte sucesivo de la mercancía más allá del lugar acordado en la frontera y hasta el destino final en el país de importación designado por el comprador. El vendedor puede rechazar concluir tal contrato, en cuyo caso deberá avisar prontamente al comprador al respecto.

b) Contrato de seguro

Ninguna obligación

A 4 *Entrega.*

El vendedor debe poner la mercancía a disposición del comprador en los medios de transporte utilizados y no descargados, en el lugar de entrega convenido en la frontera y en la fecha o dentro del período acordado.

A 5 *Transmisión de riesgos.*

El vendedor debe, con sujeción a las previsiones de B5, soportar todos los riesgos de pérdida o daño de la mercancía hasta el momento en que haya sido entregada de acuerdo con A4.

A 6 *Reparto de gastos.*

El vendedor debe, con sujeción a las previsiones de B6, pagar:

- además de los gastos resultantes de A3 a), todos los gastos relativos a la mercancía hasta el momento en que haya sido entregada de acuerdo con A4; y
- cuando sea pertinente, los gastos de los trámites aduaneros necesarios para la exportación, así como todos los derechos, impuestos y demás cargas exigibles a la exportación de la mercancía y por su tránsito por cualquier país antes de la entrega de acuerdo con A4.

A 7 *Aviso al comprador.*

El vendedor debe dar al comprador aviso suficiente del envío de la mercancía al lugar convenido en la frontera, así como cualquier otra información que precise el comprador para adoptar las medidas normalmente necesarias que le permitan recibir la entrega de la mercancía.

A 8 *Prueba de la entrega, documento de transporte o mensaje electrónico equivalente*.

i) El vendedor debe proporcionar al comprador, a expensas del primero, el documento usual u otra prueba de la entrega de la mercancía en el lugar convenido en la frontera, conforme a A3 a) i).

ii) El vendedor debe, si las partes han acordado el transporte sucesivo más allá de la frontera de acuerdo con A3 a) ii), proporcionar al comprador, a petición, riesgo y por cuenta de este último, el documento de transporte de puerta a puerta normalmente obtenido en le país de expedición, que cubra, en las condiciones usuales, el transporte de la mercancía desde el punto de envío en ese país hasta el lugar de destino final en el país de importación designado por el comprador.

Si el vendedor y el comprador han acordado comunicarse electrónicamente, el documento a que se refiere el párrafo anterior puede ser sustituido por un mensaje de intercambio electrónico de datos (EDI) equivalente.

A 9 *Comprobación - embalaje – marcado*.

El vendedor debe pagar los gastos de aquellas operaciones de verificación (como comprobar la calidad, medida, peso, recuento) necesarias al objeto de entregar la mercancía de acuerdo con A4.

El vendedor debe proporcionar, a sus propias expensas, el embalaje (a menos que se haya acordado o sea usual en el tráfico específico entregar la mercancía descrita en el contrato sin embalar) requerido para al entrega de la mercancía en la frontera y para el transporte posterior, en la medida en que las circunstancias (por ejemplo, modalidades, destino) sean dadas a conocer al vendedor antes de la conclusión del contrato de compraventa. El embalaje ha de ser marcado adecuadamente.

A 10 *Otras obligaciones*.

El vendedor debe prestar al comprador, a petición, riesgo y a expensas de este último, la ayuda precisa para obtener cualquier documento o mensaje electrónico equivalente (diverso de aquellos mencionados en A8) emitido o transmitido en el país de expedición y/o de origen que el comprador pueda requerir para la importación de la mercancía y, si fuera necesario, para su tránsito por cualquier país.

El vendedor debe proporcionar al comprador, a petición suya, la información necesaria para obtener un seguro.

"B" *Obligaciones del comprador.*

B 1 *Pago del precio.*

El comprador debe pagar el precio según lo dispuesto en el contrato de compraventa.

B 2 *Licencias, autorizaciones y formalidades.*

El comprador debe obtener, a su propio riesgo y expensas, cualquier licencia de importación u otra autorización oficial, así como cualesquiera otros documentos, y llevar a cabo, cuando sea pertinente, todos los trámites aduaneros necesarios para la importación de la mercancía, y para su transporte posterior.

B 3 *Contrato de transporte.*

a) Contrato de transporte

Ninguna obligación.

b) Contrato de seguro

Ninguna obligación.

B 4 *Recepción de la entrega.*

El comprador debe recibir la entrega de la mercancía cuando se haya entregado de acuerdo con A4.

B 5 *Transmisión de riesgos.*

El comprador debe soportar todos los riesgos de pérdida o daño de la mercancía desde el momento en que haya sido entregada de acuerdo con A4.

El comprador debe, si no da aviso con arreglo a B7, correr con todos los riesgos de pérdida o daño de la mercancía desde la fecha acordada o desde la fecha de expiración del período fijado para la entrega, siempre que, no obstante, la mercancía haya sido correctamente determinada según el contrato, es decir, claramente puesta aparte o identificada de otro modo como la mercancía objeto del contrato.

B 6 *Reparto de gastos.*

El comprador debe pagar:

- todos los gastos relacionados con la mercancía desde el momento en que haya sido entregada conforme a A4, incluyendo los gastos de descarga necesarios para recibir la entrega de la mercancía, a la llegada de los medios de transporte utilizados, en el lugar de entrega convenido en la frontera; y

- todos los gastos adicionales contraídos, por no recibir la entrega de la mercancía cuando ha sido debidamente determinada según el contrato, es decir, claramente puesta aparte o identificada de otro modo como la mercancía objeto del contrato; y

- cuando sea pertinente, el gasto de los trámites aduaneros, así como todos los derechos, impuestos y demás cargas exigibles a la importación de la mercancía y por su transporte posterior.

B 7 *Aviso al vendedor.*

El comprador debe, cuando esté autorizado para determinar el momento, dentro del período acordado, y/o el punto de recepción de la entrega en el lugar convenido, dar al vendedor aviso suficiente al respecto.

B 8 *Prueba de la entrega, documento de transporte o mensaje electrónico equivalente.*

El comprador debe aceptar el documento de transporte y/u otra prueba de la entrega, de acuerdo con A8.

B 9 *Inspección de la mercancía.*

El comprador debe pagar los costes de cualquier inspección previa al embarque, excepto cuando tal inspección sea ordenada por las autoridades del país de exportación.

B 10 *Otras obligaciones.*

El comprador debe pagar todos los gastos y cargos contraídos para obtener los documentos o mensajes electrónicos equivalentes mencionados en A10 y reembolsar aquéllos en que haya incurrido el vendedor al prestar su ayuda al respecto.

Si fuere necesario y de acuerdo con A3 a) ii), el comprador debe proporcionar al vendedor, a petición de éste y a riesgo y por cuenta del comprador, la autorización del control de cambios, los permisos, otros documentos o copias certificadas de los mismos, o la dirección del destino final de la mercancía en el país de importación con objeto de conseguir el documento de transporte de puerta a puerta o cualquier otro documento previsto en A8 ii).

CLAUSULA DES = ENTREGADO EX NAVE

Significa que el vendedor realiza la entrega cuando la mercancía es puesta a disposición del comprador a bordo del buque, no despachada de aduana para la importación, en el puerto de destino convenido. El vendedor debe soportar todos los costes y riesgos inherentes al llevar la mercancía al puerto de destino acordado con anterioridad a la descarga. Si las partes desean que el vendedor asuma los costes y riesgos de descargar la mercancía, debe usarse el término *DEQ*.

El término *DES* puede usarse únicamente cuando la mercancía deba entregarse a bordo de un buque en el puerto de destino, después de un transporte por mar, por vía de navegación interior o por un transporte multimodal.

"A" *Obligaciones del vendedor.*

A 1 Suministro de la mercancía de conformidad con el contrato. El vendedor debe suministrar la mercancía y la factura comercial, o su mensaje electrónico equivalente, de acuerdo con el contrato de compraventa, así como cualquier otra prueba de conformidad que pueda exigir el contrato.

A 2 *Licencias, autorizaciones y formalidades.*

El vendedor debe obtener, a su propio riesgo y expensas, cualquier licencia de exportación u otra autorización oficial, así como cualesquiera otros documentos y llevar a cabo, cuando sea pertinente, todos los trámites aduaneros necesarios para al exportación de la mercancía y para su tránsito por cualquier país.

A 3 *Contrato de transporte y seguro.*

a) Contrato de transporte

El vendedor debe contratar, por su propia cuenta, el transporte de la mercancía al punto convenido, si lo hay, en el puerto de destino convenido. Si no se acuerda un punto o no lo determina la práctica, el vendedor puede elegir el punto en el puerto de destino convenido que mejor se adecúe a su conveniencia.

b) Contrato de seguro

Ninguna obligación.

A 4 *Entrega.*

El vendedor debe poner la mercancía a disposición del comprador a bordo del buque, en el punto de descarga mencionado en A3 a), del puerto de destino convenido, en la fecha o dentro del período acordado, de modo que puedan ser levantadas del buque por medios de descarga apropiados a la naturaleza de la mercancía.

A 5 *Transmisión de riesgos.*

El vendedor debe, con sujeción a las previsiones de B5, soportar todos los riesgos de pérdida o daño de la mercancía hasta el momento en que haya sido entregada según A4.

A 6 *Reparto de gastos.*

El vendedor debe, con sujeción a las previsiones de B6, pagar:

- además de los costes resultantes de A3 a), todos los gastos relativos a la mercancía hasta el momento en que haya sido entregada de acuerdo con A4; y
- cuando sea pertinente, los gastos de los trámites aduaneros necesarios para la exportación, así como todos los derechos, impuestos y demás cargas exigibles a la exportación de la mercancía y por su tránsito por cualquier país antes de la entrega de acuerdo con A4.

A 7 *Aviso al comprador.*

El vendedor debe dar al comprador aviso suficiente del momento estimado de llegada del buque designado conforme a A4, así como cualquier otra información que precise el comprador para adoptar las medidas normalmente necesarias que le permitan recibir la entrega de la mercancía.

A 8 *Prueba de la entrega, documento de transporte o mensaje electrónico equivalente.*

El vendedor debe proporcionar al comprador, por cuenta del primero, la orden de entrega y/o el documento de transporte usual (por ejemplo, un conocimiento de embarque negociable, una carta de porte marítimo no negociable, un documento de navegación interior o un documento de transporte multimodal) que autorice al comprador a reclamar la mercancía al transportista en el puerto de destino.

Si el vendedor y el comprador han acordado comunicarse electrónicamente, el documento a que se refiere el párrafo anterior puede ser sustituido por un mensaje de intercambio electrónico de datos (EDI) equivalente.

A 9 *Comprobación - embalaje – marcado.*

El vendedor debe pagar los gastos de aquellas operaciones de verificación (como comprobar la calidad, medida, peso, recuento) necesarias al objeto de entregar la mercancía de acuerdo con A4.

El vendedor debe proporcionar, a sus propias expensas, el embalaje (a menos que sea usual en el tráfico específico entregar la mercancía descrita en el contrato sin embalar) requerido para la entrega de la mercancía. El embalaje ha de ser marcado adecuadamente.

10 *Otras obligaciones.*

El vendedor debe prestar al comprador, a petición, riesgo y expensas de este último, la ayuda precisa para obtener cualquier documento o mensaje electrónico equivalente (diverso de aquellos mencionados en A8) emitido o transmitido en el país de expedición y/o de origen que el comprador pueda requerir para la importación de la mercancía.

El vendedor debe proporcionar al comprador, a petición de éste, la información necesaria para obtener un seguro.

"B" *Obligaciones del comprador.*

B 1 *Pago del precio.*

El comprador debe pagar el precio según lo dispuesto en el contrato de compraventa.

B 2 *Licencias, autorizaciones y formalidades.*

El comprador debe obtener, a su propio riesgo y expensas, cualquier licencia de importación y otra autorización oficial y realizar, cuando sea pertinente, todos los trámites aduaneros necesarios para la importación de la mercancía.

B 3 *Contrato de transporte.*

a) Contrato de transporte

Ninguna obligación.

b) Contrato de seguro

Ninguna obligación.

B 4 *Recepción de la entrega.*

El comprador debe recibir la entrega de la mercancía cuando se haya entregado de acuerdo con A4.

B 5 *Transmisión de riesgos.*

El comprador debe soportar todos los riesgos de pérdida o daño de la mercancía desde el momento en que haya sido entregada según A4.

El comprador debe, si no da aviso con arreglo a B7, correr con todos los riesgos de pérdida o daño de la mercancía desde la fecha acordada o desde la fecha de expiración del período fijado para la entrega, siempre que, no obstante, la mercancía haya sido debidamente determinada según el contrato, es decir, claramente puesta aparte o identificada de otro modo como la mercancía objeto del contrato.

B 6 *Reparto de gastos.*

El comprador debe pagar:

- todos los gastos relacionados con la mercancía desde el momento en que haya sido entregada de acuerdo con A4, incluyendo los gastos de las operaciones de descarga necesarias para recibir la entrega de la mercancía desde el buque; y

- todos los gastos adicionales contraídos si omite recibir la entrega de la mercancía cuando hayan sido puestas a su disposición de acuerdo con A4, o si no da aviso de acuerdo con B7, siempre que, no obstante, la mercancía haya sido determinada según el contrato, es decir, claramente puesta aparte o identificada de otro modo como la mercancía objeto del contrato.

- cuando sea pertinente, los gastos de los trámites aduaneros así como todos los derechos, impuestos y demás cargas exigibles a la importación de la mercancía.

B 7 *Aviso al vendedor.*

El comprador debe, cuando esté autorizado para determinar el momento, dentro del período acordado, y/o el punto de recepción de la entrega en el puerto de destino convenido, dar al vendedor aviso suficiente al respecto.

A 8 *Prueba de la entrega, documento de transporte o mensaje electrónico equivalente.*

El comprador debe aceptar la orden de entrega o el documento de transporte de acuerdo con A8.

B 9 *Inspección de la mercancía.*

El comprador debe pagar los costes de cualquier inspección previa al embarque, excepto cuando tal inspección sea ordenada por las autoridades del país de exportación.

B 10 *Otras obligaciones.*

El comprador debe pagar todos los gastos y cargas contraídos para obtener los documentos o mensajes electrónicos equivalentes mencionados en A10 y reembolsar aquéllos en que haya incurrido el vendedor al prestar su ayuda al respecto.

CLAUSULA DEQ = ENTREGADO EX MUELLE.

Significa que el vendedor realiza la entrega cuando la mercancía es puesta a disposición del comprador, sin despachar de aduana para la importación, en el muelle (desembarcadero) del puerto de destino convenido. El vendedor debe asumir los costes y riesgos ocasionados al llevar la mercancía al puerto de destino convenido y al descargar la mercancía sobre muelle (desembarcadero).

El término *DEQ* exige del comprador el despacho aduanero de la mercancía para la importación y el pago de todos los trámites, derechos, impuestos y demás cargas exigibles a la importación.

Si las partes desean incluir entre las obligaciones del vendedor todos o parte de los costes exigibles a la importación de la mercancía, deben dejarlo claro añadiendo expresiones explícitas en ese sentido en el contrato de compraventa.

Este término puede usarse únicamente cuando la mercancía sea entregada, después de su transporte por mar, por vías de navegación interior o por transporte multimodal, y descargada del buque sobre muelle (desembarcadero) en el puerto de destino convenido. Sin embargo, si las partes desean incluir en las obligaciones del vendedor los riesgos y costes de la manipulación de la mercancía desde el muelle a otro lugar (almacén, terminal, estación de transporte, etc.) dentro o fuera del puerto, deberían usar los términos *DDU o DDP*

"A" *Obligaciones del vendedor.*

A 1 *Suministro de la mercancía de conformidad con el contrato.*

El vendedor debe suministrar la mercancía y la factura comercial, o su mensaje electrónico equivalente, de acuerdo con el contrato de compraventa, así como cualquier otra prueba de conformidad que pueda exigir el contrato.

A 2 *Licencias, autorizaciones y formalidades.*

El vendedor debe obtener, a su propio riesgo y expensas, cualquier licencia de exportación u otra autorización oficial, así como cualesquiera otros documentos y llevar a cabo, cuando sea pertinente, todos los trámites aduaneros para la exportación de la mercancía y para su tránsito por cualquier país.

A 3 *Contrato de transporte y seguro.*

a) Contrato de transporte

El vendedor debe contratar a sus propias expensas el transporte de la mercancía al muelle (desembarcadero) convenido del puerto de destino convenido. Si no se acordó un muelle (desembarcadero) específico o no lo determina la práctica, el vendedor puede elegir el muelle (desembarcadero) del puerto de destino convenido que mejor se adecúe a su conveniencia.

b) Contrato de seguro

Ninguna obligación.

A 4 *Entrega.*

El vendedor debe poner la mercancía a disposición del comprador en el muelle (desembarcadero) mencionado en A3 a), en la fecha o dentro del período acordado.

A 5 *Transmisión de riesgos.*

El vendedor debe, con sujeción a las previsiones de B5, soportar todos los riesgos de pérdida o daño de la mercancía hasta el momento en que haya sido entregada según A4.

A 6 *Reparto de gastos.*

El vendedor debe, con sujeción a las previsiones de B6, pagar:

- además de los costes resultantes de A3 a), todos los gastos relativos a la mercancía hasta el momento en que haya sido entregada sobre muelle (desembarcadero) de acuerdo con A4; y
- cuando sea pertinente, los gastos de los trámites aduaneros necesarios para la exportación, así como todos los derechos, impuesto y demás cargas exigibles a la exportación de la mercancía y por su tránsito por cualquier país antes de la entrega.

A 7 *Aviso al comprador.*

El vendedor debe dar al comprador aviso suficiente del momento estimado de llegada del buque designado de acuerdo con A4, así como cualquier otra información que precise el comprador para adoptar las medidas normalmente necesarias que le permitan recibir la entrega de la mercancía.

A 8 *Documento de transporte o mensaje electrónico equivalente.*

El vendedor debe proporcionar al comprador, por cuenta del primero, la orden de entrega y/o el documento de transporte usual (por ejemplo, un conocimiento de embarque negociable, una carta de porte marítimo no negociable, un documento de navegación interior o un documento de transporte multimodal) que le autorice a recibir la mercancía y retirarla del muelle (desembarcadero). Si el vendedor y el comprador han acordado comunicarse electrónicamente, el documento a que se refiere el párrafo anterior puede ser sustituido por un mensaje de intercambio electrónico de datos (EDI) equivalente.

A 9 *Comprobación - embalaje – marcado.*

El vendedor debe pagar los gastos de aquellas operaciones de verificación (como comprobar la calidad, medida, peso, recuento) necesarias al objeto de entregar la mercancía de acuerdo con A4.

El vendedor debe proporcionar por su propia cuenta el embalaje (a menos que sea usual en el tráfico específico entregar la mercancía descrita en el contrato sin embalar) requerido para la entrega de la mercancía. El embalaje ha de ser marcado adecuadamente.

A 10 *Otras obligaciones.*

El vendedor debe prestar al comprador, a petición, riesgo y expensas de este último, la ayuda precisa para obtener cualquier documento o mensaje electrónico equivalente (diverso de aquellos mencionados en A8) emitido o transmitido en el país de expedición y/o de origen que el comprador puede requerir para la importación de la mercancía.

El vendedor debe proporcionar al comprador, a petición de éste, la información necesaria para obtener un seguro.

"B" *Obligaciones del comprador.*

B 1 *Pago del precio.*

El comprador debe pagar el precio según lo dispuesto en el contrato de compraventa.

B 2 *Licencias, autorizaciones y formalidades.*

El comprador debe obtener, a su propio riesgo y expensas, cualquier licencia de importación o autorización oficial, así como cualesquiera otros documentos, y realizar, cuando sea pertinente, todos los trámites aduaneros para la importación de la mercancía.

B 3 *Contrato de transporte.*

a) Contrato de transporte

Ninguna obligación.

b) Contrato de seguro

Ninguna obligación.

B 4 *Recepción de la entrega.*

El comprador debe recibir la entrega de la mercancía cuando se haya entregado de acuerdo con A4.

B 5 *Transmisión de riesgos.*

El comprador debe soportar todos los riesgos de pérdida o daño de la mercancía desde el momento en que haya sido entregada según A4.

El comprador debe, si no da aviso con arreglo a B7, soportar todos los riesgos de pérdida o daño de la mercancía desde la fecha acordada o desde la fecha de expiración del período fijado para la entrega, siempre que, no obstante, la mercancía haya sido debidamente determinada según el contrato, es decir, claramente puesta aparte o identificada de otro modo como la mercancía objeto del contrato.

B 6 *Reparto de gastos.*

El comprador debe pagar:

- todos los gastos relacionados con la mercancía desde el momento en que haya sido entregada de acuerdo con A4, incluyendo cualquier coste de manipulación de la mercancía en el puerto para su transporte o depósito posteriores en un almacén o terminal; y

- todos los gastos adicionales contraídos si no recibe la entrega de la mercancía cuando haya sido puesta a su disposición de acuerdo con A4, o si no da aviso de acuerdo con B7, siempre que, no obstante, la mercancía haya sido determinada según el contrato, es decir, claramente puesta aparte o identificada de otro modo como la mercancía objeto del contrato; y

- cuando sea pertinente, el coste de los trámites aduaneros, así como todos los derechos, impuestos y demás cargas exigibles a la importación de la mercancía y por su transporte posterior.

B 7 *Aviso al vendedor.*

El comprador debe, cuando esté autorizado para determinar el momento, dentro del período acordado, y/o el punto de recepción de la entrega en el puerto de destino convenido, dar al vendedor aviso suficiente al respecto.

B 8 *Prueba de la entrega, documento de transporte o mensaje electrónico equivalente.*

El comprador debe aceptar la orden de entrega o el documento de transporte de acuerdo con A8.

B 9 *Inspección de la mercancía.*

El comprador debe pagar los costes de cualquier inspección previa al embarque, excepto cuando tal inspección sea ordenada por las autoridades del país de exportación.

B 10 *Otras obligaciones.*

El comprador debe pagar todos los gastos y cargas contraídos para obtener los documentos o mensajes electrónicos equivalentes mencionados en A10 y reembolsar aquéllos en que haya incurrido el vendedor al prestar su ayuda al respecto.

CLAUSULA DDU = ENTREGADO CON LOS DERECHOS ADUANEROS NO PAGADOS.

Significa que el vendedor realiza la entrega la mercancía al comprador, no despachada de aduana para la importación y no descargada de los medios de transporte, a su llegada al lugar de destino convenido. El vendedor debe asumir todos los costes y riesgos contraídos al llevar la mercancía hasta aquel lugar, diversos de, cuando sea pertinente, cualquier "derecho" (término que incluye la responsabilidad y los riesgos de realizar los trámites aduaneros, y pagar los trámites, derechos de aduanas, impuestos y otras cargas) exigible a la importación en el país de destino. Ese "derecho" recaerá sobre el comprador, así como cualquier otro coste y riesgo causados por no despachar oportunamente la mercancía para la importación.

Sin embargo, si las partes desean que el vendedor realice los trámites aduaneros y asuma los costes y riesgos que resulten de ellos, así como algunos de los costes exigibles a la importación de la mercancía, deben dejarlo claro añadiendo expresiones explícitas en ese sentido en el contrato de compraventa.

Este término puede emplearse con independencia del modo de transporte, pero cuando la entrega deba tener lugar en el puerto de destino a bordo del buque o sobre muelle (desembarcadero), deben entonces usarse los términos *DES o DEQ*.

"A" *Obligaciones del vendedor.*

A 1 *Suministro de la mercancía de conformidad con el contrato.*

El vendedor debe suministrar la mercancía y la factura comercial, o su mensaje electrónico equivalente, de acuerdo con el contrato de compraventa, así como cualquier otra prueba de conformidad que pueda exigir el contrato.

A 2 *Licencias, autorizaciones y formalidades.*

El vendedor debe obtener, a su propio riesgo y expensas, cualquier licencia de exportación u otra autorización oficial así como cualesquiera otros documentos, y llevar a cabo, cuando sea pertinente, todos los trámites aduaneros necesarios para la exportación de la mercancía y para su tránsito por cualquier país.

A 3 *Contrato de transporte y seguro.*

a) Contrato de transporte

El vendedor debe contratar, a sus propias expensas, el transporte de la mercancía al lugar de destino convenido. Si no se acuerda un punto concreto o no lo determina la práctica, el vendedor puede elegir el punto en el lugar de destino convenido que mejor se adecúe a su conveniencia.

b) Contrato de seguro

Ninguna obligación.

A 4 *Entrega.*

El vendedor debe poner la mercancía a disposición del comprador o de otra persona designada por éste, sobre los medios de transporte utilizados y no descargados, a su llegada al lugar de destino convenido, en la fecha o dentro del período acordado para la entrega.

A 5 *Transmisión de riesgos.*

El vendedor debe, con sujeción a las previsiones de B5, soportar todos los riesgos de pérdida o daño de la mercancía hasta el momento en que haya sido entregada según A4.

A 6 *Reparto de gastos.*

El vendedor debe, con sujeción a las previsiones de B6, pagar:

- además de los costes resultantes de A3 a), todos los gastos relativos a la mercancía hasta el momento en que haya sido entregada de acuerdo con A4; y

- cuando sea pertinente, los gastos de los trámites aduaneros necesarios para la exportación, así como todos los derechos, impuestos y demás cargas exigibles a la exportación de la mercancía y por su tránsito por cualquier país antes de la entrega de acuerdo con A4.

A 7 *Aviso al comprador.*

El vendedor debe dar al comprador aviso suficiente de la expedición de la mercancía, así como cualquier otra información que precise el comprador para adoptar las medidas normalmente necesarias que le permitan recibir la entrega de la mercancía.

A 8 *Prueba de la entrega, documento de transporte o mensaje electrónico equivalente.*

El vendedor debe proporcionar al comprador, por cuenta del primero, la orden de entrega y/o el documento de transporte usual (por ejemplo, un conocimiento de embarque negociable, una carta de porte marítimo no negociable, un documento de navegación interior, una carta de porte aéreo, un albarán de envío por ferrocarril, una nota de entrega de transporte por carretera o un documento de transporte multimodal) que pueda requerir el comprador para recibir la entrega de la mercancía de acuerdo con A4/B4.

Si el vendedor y el comprador han acordado comunicarse electrónicamente, el documento a que se refiere el párrafo anterior puede ser sustituido por un mensaje de intercambio electrónico de datos (EDI) equivalente.

A 9 *Comprobación - embalaje – marcado.*

El vendedor debe pagar los gastos de aquellas operaciones de verificación (como comprobar la calidad, medida, peso, recuento) necesarias al objeto de entregar la mercancía de acuerdo con A4.

El vendedor debe proporcionar, a sus propias expensas, el embalaje (a menos que sea usual en el tráfico específico entregar la mercancía descrita en el contrato sin embalar) requerido para la entrega de la mercancía. El embalaje ha de ser marcado adecuadamente.

A 10 *Otras obligaciones.*

El vendedor debe prestar al comprador, a petición, riesgo y expensas de este último, la ayuda precisa para obtener cualquier documento o mensaje electrónico equivalente (diverso de aquellos mencionados en A8) emitido o transmitido en el país de expedición y/o de origen que el comprador pueda requerir para la importación de la mercancía.

El vendedor debe proporcionar al comprador, a petición de este, la información necesaria para obtener un seguro.

"B" *Obligaciones del comprador.*

B 1 *Pago del precio.*

El comprador debe pagar el precio según lo dispuesto en el contrato de compraventa.

B 2 *Licencias, autorizaciones y formalidades.*

El comprador debe obtener, a su propio riesgo y expensas, cualquier licencia de importación u otra autorización oficial así como cualesquiera otros documentos, y realizar, cuando sea pertinente todos los trámites aduaneros necesarios para la importación de la mercancía.

B 3 *Contrato de transporte.*

a) Contrato de transporte

Ninguna obligación.

b) Contrato de seguro

Ninguna obligación.

B 4 *Recepción de la entrega.*

El comprador debe recibir la entrega de la mercancía cuando se haya entregado según A4.

B 5 *Transmisión de riesgos.*

El comprador debe soportar todos los riesgos de pérdida o daño de la mercancía desde el momento en que haya sido entregada según A4. El comprador debe, si no cumple sus obligaciones de acuerdo con B2, soportar los riesgos adicionales de pérdida o daño de la mercancía contraídos por tal causa.

El comprador debe, si no da aviso de acuerdo con B7, soportar todos los riesgos de pérdida o daño de la mercancía desde la fecha acordada o desde la fecha de expiración del período fijado para la entrega, siempre que, no obstante, la mercancía haya sido debidamente determinada según el contrato, es decir, claramente puesta aparte o identificada de otro modo como la mercancía objeto del contrato.

B 6 *Reparto de gastos.*

El comprador debe pagar:

- todos los gastos relacionados con la mercancía desde el momento en que haya sido entregada de acuerdo con A4; y
- todos los gastos adicionales contraídos si no cumple sus obligaciones de acuerdo con B2, o si no da aviso de acuerdo con B7, siempre que, no obstante, la mercancía haya sido debidamente determinada según el contrato, es decir, claramente puesta aparte o identificada de otro modo como la mercancía objeto del contrato.
- cuando sea pertinente, los gastos de los trámites aduaneros, así como todos los derechos, impuestos y demás cargas exigibles a la importación de la mercancía.

B 7 *Aviso al vendedor.*

El comprador debe, cuando esté autorizado para determinar el momento, dentro del período acordado y/o el punto de recibir la entrega en el lugar convenido, dar al vendedor aviso suficiente al respecto.

A 8 *Prueba de la entrega, documento de transporte o mensaje electrónico equivalente.*

El comprador debe aceptar la orden de entrega o el documento de transporte apropiado de acuerdo con A8.

B 9 *Inspección de la mercancía.*

El comprador debe pagar los costes de cualquier inspección previa al embarque, excepto cuando tal inspección sea ordenada por las autoridades del país de exportación.

B10 *Otras obligaciones.*

El comprador debe pagar todos los gastos y cargas contraídos para obtener los documentos o mensajes electrónicos equivalentes mencionados en A10 y reembolsar aquéllos en que haya incurrido el vendedor al prestar su ayuda al respecto.

CLAUSULA DDP = ENTREGADO CON LOS DERECHOS ADUANEROS PAGADOS.

Significa que el vendedor realiza la entrega de la mercancía al comprador, despachada par la importación y no descargada de los medios de transporte, a su llegada al lugar de destino convenido.

El vendedor debe soportar todos los costes y riesgos contraídos al llevar la mercancía hasta aquel lugar, incluyendo, cuando sea pertinente, cualquier "derecho" (término que incluye la responsabilidad y los riesgos para realizar los trámites aduaneros, y el pago de los trámites, derechos de aduanas, impuestos y otras cargas) exigibles a la importación en el país de destino.

Mientras que el término *EXW* representa la menor obligación para el vendedor, *DDP* representa la obligación máxima.

Este término no debe usarse si el vendedor no puede, ni directa ni indirectamente, obtener la licencia de importación.

Sin embargo, si las partes desean excluir de las obligaciones del vendedor algunos de los costes exigibles a la importación de la mercancía (como el impuesto de valor añadido: IVA), deben dejarlo claro incluyendo expresiones explícitas en ese sentido en el contrato de compraventa.

Si las partes desean que el comprador asuma todos los riesgos y costes de la importación, debe usarse el término *DDU*.

Este término puede emplearse con independencia del modo de transporte, pero cuando la entrega deba tener lugar en el puerto de destino a bordo del buque o sobre muelle (desembarcadero) deben usarse los términos *DES o DEQ*.

"A" *Obligaciones del vendedor.*

A 1 *Suministro de la mercancía de conformidad con el contrato.*

El vendedor debe suministrar la mercancía y la factura comercial, o su mensaje electrónico equivalente, de acuerdo con el contrato de compraventa, así como cualquier otra prueba de conformidad que pueda exigir el contrato.

A 2 *Licencias, autorizaciones y formalidades.*

El vendedor debe obtener, a su propio riesgo y expensas, cualesquiera licencias de exportación e importación y otra autorización oficial, así como cualesquiera otros documentos, y llevar a cabo, cuando sea pertinente, todos los trámites aduaneros necesarios para la exportación de la mercancía, para su tránsito por cualquier país y su importación.

A 3 *Contrato de transporte y seguro.*

a) Contrato de transporte

El vendedor debe contratar, a sus propias expensas, el transporte de la mercancía a lugar de destino convenido. Si no se acuerda ningún punto específico o no lo determina la práctica, el vendedor puede elegir el punto del lugar de destino convenido que mejor se adecúe a su conveniencia.

b) Contrato de seguro

Ninguna obligación.

A 4 *Entrega.*

El vendedor debe poner la mercancía a disposición del comprador o de otra persona designada por el comprador, sobre los medios de transporte utilizados y no descargados, a su llegada al lugar de destino convenido, en la fecha o dentro del período acordado para la entrega.

A 5 *Transmisión de riesgos.*

El vendedor debe, con sujeción a las previsiones de B5, soportar todos los riesgos de pérdida o daño de la mercancía hasta el momento en que haya sido entregada según A4.

A 6 *Reparto de gastos.*

El vendedor debe, con sujeción a las previsiones de B6, pagar:

- además de los gastos resultantes de A3 a), todos los gastos relativos a la mercancía hasta el momento en que haya sido entregada de acuerdo con A4; y

- cuando sea pertinente, los costes de los trámites aduaneros necesarios para la exportación e importación, así como todos los derechos, impuestos y demás cargas exigibles a la exportación e importación de la mercancía y por su tránsito por cualquier país antes de la entrega de acuerdo con A4.

A 7 *Aviso al comprador.*

El vendedor debe dar al comprador aviso suficiente de la expedición de la mercancía, así como cualquier otra información que precise el comprador para adoptar las medidas normalmente necesarias que le permitan recibir la entrega de la mercancía.

A 8 *Prueba de la entrega, documento de transporte o mensaje electrónico equivalente.*

El vendedor debe proporcionar al comprador, por cuenta del primero, la orden de entrega y/o el documento de transporte usual (por ejemplo, un conocimiento de embarque negociable, una carta de porte marítimo no negociable, un documento de navegación interior, una carta de porte aéreo, un albarán de envío por ferrocarril, una nota de entrega de transporte por carretera o un documento de transporte multimodal) que pueda requerir el comprador para recibir la entrega de la mercancía de acuerdo con A4/B4.

Si el vendedor y el comprador han acordado comunicarse electrónicamente, el documento a que se refiere el párrafo anterior puede ser sustituido por un mensaje de intercambio electrónico de datos (EDI) equivalente.

A9 *Comprobación - embalaje – marcado.*

El vendedor debe pagar los gastos de aquellas operaciones de verificación (como comprobar la calidad, medida, peso, recuento) necesarias al objeto de entregar la mercancía de acuerdo con A4.

El vendedor debe proporcionar, a sus propias expensas, el embalaje (a menos que sea usual en el tráfico específico entregar la mercancía descrita en el contrato sin embalar) requerido para la entrega de la mercancía. El embalaje ha de ser marcado adecuadamente.

A 10 *Otras obligaciones.*

El vendedor debe pagar todos los gastos y cargas contraídos para obtener los documentos o mensajes electrónicos equivalentes mencionados en B10 y reembolsar aquéllos en que haya incurrido el comprador al prestar su ayuda al respecto.

El vendedor debe proporcionar al comprador, a petición suya, la información necesaria para obtener un seguro.

"B" *Obligaciones del comprador.*

B 1 *Pago del precio.*

El comprador debe pagar el precio según lo dispuesto en el contrato de compraventa.

B 2 *Licencias, autorizaciones y formalidades.*

El comprador debe prestar al vendedor, a petición, riesgo y a expensas de este último, la ayuda precisa para obtener, cuando sea pertinente cualquier licencia de importación u otra autorización oficial necesaria para la importación de la mercancía.

B 3 *Contrato de transporte.*

a) Contrato de transporte

Ninguna obligación.

b) Contrato de seguro

Ninguna obligación.

B 4 *Recepción de la entrega.*

El comprador debe recibir la entrega de la mercancía cuando se haya entregado de acuerdo con A4.

B 5 *Transmisión de riesgos.*

El comprador debe soportar todos los riesgos de pérdida o daño de la mercancía desde el momento en que haya sido entregada según A4. El comprador debe, si omite cumplir sus obligaciones de acuerdo con B2, soportar los riesgos adicionales de pérdida o daño de la mercancía provocados por tal causa.

El comprador debe, si omite dar aviso según B7, soportar todos los riesgos de pérdida o daño de la mercancía desde la fecha acordada o desde la fecha de expiración del período fijado para la entrega, siempre que, no obstante, la mercancía haya sido debidamente determinada según el contrato, es decir, claramente puesta aparte o identificada de otro modo como la mercancía objeto del contrato.

B 6 *Reparto de gastos.*

El comprador debe pagar:

- todos los gastos relacionados con la mercancía desde el momento en que haya sido entregada de acuerdo con A4; y
- todos los gastos adicionales contraídos si no cumple sus obligaciones de acuerdo con B2, o si no da aviso de acuerdo con B7, siempre que, no obstante, la mercancía haya sido debidamente determinada según el contrato, es decir, claramente puesta aparte o identificada de otro modo como la mercancía objeto del contrato.

B 7 *Aviso al vendedor.*

El comprador debe, cuando esté autorizado para determinar el momento, dentro del período acordado, y/o el punto de recepción de la entrega en el lugar convenido, dar al vendedor aviso suficiente al respecto.

A 8 *Prueba de la entrega, documento de transporte o mensaje electrónico equivalente*.

El comprador debe aceptar la orden de entrega o el documento de transporte apropiado de acuerdo con A8.

B 9 *Inspección de la mercancía.*

El comprador debe pagar los costos de cualquier inspección previa al embarque, excepto cuando tal inspección sea ordenada por las autoridades del país de exportación.

B 10 *Otras obligaciones.*

El comprador debe prestar al vendedor, a petición, riesgo y expensas de este último, la ayuda precisa para obtener cualquier documento o mensaje electrónico equivalente, emitido o transmitido en el país de importación, que el vendedor pueda requerir para poner la mercancía a disposición del comprador de acuerdo con este término.

b.-   La Cotización de Precios o Factura Pro- Forma

Aclarado todo lo relacionado con el Incoterm o las condiciones de la compra y venta que el importador podrá contratar con su proveedor extranjero, es conveniente ahora explicar en qué consiste la solicitud de pedido de cotización que se hizo a través de la carta remitida al exterior y la respuesta por parte del proveedor que se traducirá en un documento que se conocerá de ahora en adelante como Factura Pro-Forma.

Anteriormente explicamos que el futuro importador al haberse decidido por un producto que se vendía en un determinado país y habiendo ubicado al vendedor del mismo, debía contactarse con él, expresamos al mismo tiempo que la forma más conveniente en una primera instancia era la carta, pues le daba una mayor seriedad a la compra. Pues bien, en la carta que se envía solicitando la cotización, señalamos que esta debía contener todos los antecedentes relacionados con el precio, cantidad, características, forma de pago, vía de transporte, condiciones de la compra venta (Incoterms), moneda de pago, etc., para que el vendedor se formara una idea acabada de lo que el comprador (importador) necesitaba. Así entonces el vendedor procederá a al confección de la denominada Factura Pro Forma, pero ¿Qué es la Factura Pro Forma?

La Factura Pro Forma

La Factura Pro- Forma (Profom – Invoice) constituye una de las alternativas de la cotización internacional, es uno de los documentos más utilizados en el Comercio Exterior debiéndose por tanto ajustar a los requisitos básicos que debe contener una oferta.

La Factura Pro forma no es más que una simple cotización de precios que emite el vendedor a su potencial comprador, en donde este detalla las mercancías conjuntamente con el precio que tienen las mismas, sin embargo también establece el plazo de validez de la oferta, es decir el período en el cual el precio le será respetado.

Se cursa en forma nominativa, vale decir destinada al potencial comprador y tiene un carácter informativo implicando al mismo tiempo un compromiso del oferente en términos de respetar las condiciones insertas en la misma, de allí entonces el plazo de validez de la oferta.

En algunos países esta carta oferta o Factura Pro forma se utiliza para efectuar la apertura del acreditivo en la entidad bancaria.

Desde el punto de su emisión, la Factura Pro forma puede ser cursada por diferentes vías como por ejemplo a través de una fax, télex, etc.

Desde el punto de vista del formato, una Factura pro forma no difiere en gran medida de la Factura Comercial, salvo en que se trata de una mera cotización de precios.

Normalmente una Factura Pro Forma contiene los siguientes antecedentes:

Nombre del vendedor, dirección, teléfono, fax y en general todo aquello que permita identificarlo y ubicarlo.

Lugar, número y fecha de emisión de la Pro Forma.

Dirección e identificación de la persona natural o jurídica a quien viene dirigida la oferta.

Descripción de las mercancías, cantidad de las mismas, incoterm utilizado, moneda de pago, etc.

Condiciones de pago, entidad bancaria con la cual se trabajará, tipo de bultos, etc., y en general todos aquellos antecedentes que permitan entregar el máximo de información respecto a la potencial venta del producto.

Plazo de validez de la oferta que se inicia desde la fecha de emisión hasta el número de días de vigencia de la misma.

Las condiciones de la compra y venta tienen relación con los precios, plazos de pago, condiciones de entrega, responsabilidades, lugar de entrega en relación al precio pactado y todas las condiciones necesarias que aseguren al comprador y vendedor la recepción de las mercancías por una parte y el pago de las mismas por la otra.

En algunas facturas Pro Forma se indican también el valor del Flete aproximado(terrestre, marítimo o aéreo) y también el seguro de las mismas, que pueden tener variaciones una vez que se defina el pedido, en todo caso todo esto dependerá de las condiciones o Incoterms utilizados.

En la página siguiente, se encuentra un modelo de factura Pro-Forma, debe tomarse como un modelo más de los muchos que existen y que se pueden diseñar, pero lo que no debe olvidar el importador que este documento es una mera cotización de precios, que otorga un plazo de validez a la oferta y que si se compra dentro del plazo establecido, el precio debe ser respetado.

Modelo de Factura Pro-Forma

 Exportadora Tres Banderas Ltda.
El Greco 8754 – Barcelona-España   Factura pro forma

N°_____

Señores:……………………………………….Rut:…………………..				
Dirección:……………………………………………………………………..País				
Fecha:………………………..				
Cantidad	Unidad	Descripción mercancía	Precio Unitario	Total
		Plazo de validez de la oferta ………..días	Fob (Incoterm) Total US$	

Llegada de la factura Pro- Forma

Cuando luego de habernos comunicado con el exportador extranjero, este nos remite la Factura Pro- Forma, entonces daremos inicio a nuestro proceso de exportación. Al respecto deberemos tomar en consideración la cláusula de compra y venta (incoterm que hemos pactado), para saber si nosotros deberemos contratar el flete y el seguro (si deseamos asegurar nuestras mercancías) y que otros documentos necesitaremos.

Pensando en que nosotros contrataremos el transporte y teniendo decidido por qué vía trasladaremos nuestras mercancías, entonces deberemos concurrir a una compañía de transportes marítima, aérea o terrestre a objeto de contratar el transporte, aún y cuando también podríamos solicitar a nuestro vendedor que nos contratara el transporte y que este viniese por pagar en nuestro país.

En relación con el transporte y el medio a utilizar para el traslado de las mercaderías deberemos aclarar que entenderemos por contrato de transporte y de acuerdo con la vía utilizada que denominación recibe.

Capítulo III

La Operatoria Bancaria

Habiendo solucionado el problema del transporte y del seguro, entonces el importador dará inicio a la operatoria bancaria de la importación y esta se inicia pensando en primer lugar con el banco con el cual se trabajará y si este banco dispone de un departamento de comercio exterior. Muchas veces el importador ya es un cuenta correntista y por lo tanto, le resultará menos dificultoso iniciar la operatoria bancaria. Si no fuere así entonces el importador deberá buscar el banco que le ofrezca las mayores ventajas en cuanto a su operatoria y esto por cuanto todos los bancos cobrar por efectuar los servicios de comercio exterior.

Atendido lo anterior entonces el importador deberá preguntarse el cómo cancelará a su proveedor extranjero y para esto es importante atender a lo que a continuación se señala.

Formas de Pago.

Existen cuatro formas de pagos que son las más usuales para cancelar al extranjero entre las que se encuentran las siguientes:

1. Cobranza bancaria
2. Pago al contado
3. Pago anticipado
4. Carta de Crédito

Cobranza Bancaria

COBRANZA

Se basa en la confianza entre el importador y exportador (comprador y vendedor). Los bancos comerciales no tienen más responsabilidad que el cobro de los documentos recibidos, en cobranza por el banco en el extranjero, es decir no tienen compromiso alguno que obligue el pago por parte del importador.

Esta modalidad opera cuando el exportador despacha las mercancías al importador y al mismo tiempo, a través de un banco, le envía los documentos necesarios para el desaduanamiento en destino.

ETAPAS DE LA COBRANZA

El exportador embarca las mercancías

El exportador entrega la documentación a un Banco con instrucciones expresas para su cobro.

El Banco cobrador que recibe los documentos gestiona la cobranza.

El importador efectúa el pago, es decir la cobertura y recibe los documentos necesarios para importar las mercancías.

El Banco cobrador recibe del importador y lo envía al Banco Remitente de la Cobranza.

El Banco remitente entrega el importe de la operación al exportador.

En relación con lo anterior y para aclarar más la situación diremos que los documentos respectivos de la mercancía son acompañados por una Letra de Cambio, cheque o pagaré, los que son entregados al comprador previo pago aceptación de estos. Este documento es entregado al banco comercial para que lo envíe o remita a un banco ubicado en el país del girador (proveedor) para su cobro o cancelación.

Es importante destacar que con este tipo de documentos el banco comercial solo cumple las instrucciones dadas por el girador y no existe responsabilidad alguna en lo relacionado con el pago. La cobranza bancaria puede ser a la vista o a plazo.

Pago Contado

Esta modalidad requiere que una parte tenga una confianza absoluta en la otra. Prácticamente, esta forma de pago no opera.

Si el pago se hace adelantado, o sea antes del embarque de las mercancías, es el importador el que confía en la buena fe del exportador, ya que no tendrá ningún arma para obligar a que se le despache la exportación.

Si el exportador despacha las mercancías, bajo el compromiso de que se le hará posteriormente el pago, es el exportador el que está corriendo el riesgo de no recibir el pago correspondiente.

No existe intervención bancaria y la relación entre el proveedor extranjero y el importador es directa. Así entonces, una vez que el exportador embarca las mercancías, envía directamente al importador todos los documentos que le permitirán a éste último desaduanar las mercancías.

Esta forma de pago como se expresó precedentemente es utilizada cuando la relación que existe entre vendedor y comprador es de absoluta confianza.

Pago Anticipado

Bajo esta modalidad de pago, el comprado paga el valor de las mercancías a su proveedor con anterioridad a que este último proceda al embarque de las mercancías.

En esta forma de pago el vendedor tiene la seguridad y garantía de recibir el pago de las mercancías vendidas. Sin embargo para el vendedor existen las siguientes desventajas:

1. Inmoviliza recursos financieros con anterioridad a la recepción de los productos.
2. No tiene la seguridad ni garantía al cumplimiento de las condiciones del contrato de compraventa internacional.

El Acreditivo o Carta de Crédito o L/C (Letter of Credit)

La Carta de Crédito o simplemente Letter of Credit o L/C, es un documento de carácter bancario que siempre es abierto por el comprador (importador) en beneficio del vendedor (exportador) en donde se fijan las condiciones de la compra y venta internacional que ambos han determinado.

La Carta de Crédito se abre en un banco comercial que recibe al momento de abrirla, el nombre de Banco Emisor, llamado así por cuanto es el que abre la Carta de Crédito.

El banco emisor es el encargado de negociar la carta de crédito como se verá más adelante.

En todo caso, la carta de crédito es conveniente que se abra en acreditivo, irrevocable, a la vista y confirmado, para darle una mayor seguridad tanto al comprador como al vendedor.

1. CARTA DE CREDITO (ACREDITIVO)

Es la forma de pago que da más seguridad, al exportador. El Acreditivo es una orden de pago bancaria, abierta a solicitud del importador, a favor del exportador. Esta forma de pago asegura al exportador la oportuna cancelación del valor de la venta, comprometiéndose a efectuar el pago o aceptación correspondiente contra la entrega de documentos.

El exportador sabe que al presentar la documentación exigida en el Acreditivo recibirá el pago de las mercancías vendidas. El importador podrá reclamar en la aduana las mercancías mediante la presentación de los documentos, los que serán entregados por su banco tan pronto cubra el importe respectivo.

Las partes que intervienen en una Carta de Crédito:

Tomador y Ordenante: Es el importador que ordena a su Banco la apertura de un Acreditivo a favor del exportador.

Beneficiario Es el exportador en cuyo beneficio se abre la Carta de Crédito.

Banco Emisor Es el Banco del Importador que abre la Carta de Crédito. Dicho banco es el que comunica sobre el Acreditivo al exportador, mediante los servicios de un Banco

Comercial del país sede del exportador. Así tenemos que el Banco Emisor abre el Acreditivo y notifica la apertura del Acreditivo y notifica la apertura del Acreditivo, solicitando también su conformación a un Banco Corresponsal, el cual avisará al exportador.

Banco Receptor: Es el Banco Comercial del país sede del exportador que ha recibido el aviso de la apertura del Acreditivo y el encargado de comunicárselo al exportador y que, cuando confirma el documento, pasa a llamarse Banco Confirmador.

En la Carta de Crédito, el importador instruirá sobre las condiciones y términos en que se deberá realizar la exportación e indicará que documentos probatorios de la exportación deben ser presentados al Banco Receptor para poder obtener el pago. Resulta de primera importancia, entonces, que el exportador sepa que debe cumplir con todas en general y cada una de las estipulaciones del Acreditivo. Este cumplimiento debe ser letra a letra, o sea, no sólo en el fondo, sino también en la forma, a fin de evitar la no aceptación de los documentos y en definitiva, el no pago.

Especial cuidado hay que otorgarle a los plazos de vencimiento, de presentación de los documentos y de validez.

El Acreditivo es en general, irrevocable e intransferible, salvo que expresamente se estipule lo contrario.

Además, debe indicarse la forma de pago, que puede ser:

A la vista: Se cancela contra presentación de los documentos.

Diferido El pago procede en las fechas o fecha predeterminadas en el Acreditivo.

Irrevocable: Lo convenido de la Carta de Crédito sólo podrá modificarse con el consentimiento de ambas partes.

Confirmada: Significa que el Banco notificador chileno, asume el compromiso de pago, adicional al Banco Emisor de la Carta de Crédito.

Contra Aceptación: El pago se realiza contra aceptación de letras a plazo.

Dependiendo si el Acreditivo es confirmado o no es, le corresponderá pagar al Banco Emisor o Receptor al vencimiento de las letras.

De acuerdo con lo anterior podemos decir entonces que la carta de crédito es un instrumento de pago, mediante el cual el banco emisor, actuando a petición del importador se obliga a hacer el pago al beneficiario (vendedor) a través de otro banco (notificador), todo ello contra la presentación de los documentos de embarque solicitados y el cumplimiento de las condiciones establecidas en la carta de crédito.

Toda carta de crédito debe contener todas las condiciones que previamente se hayan establecido entre el comprador y el vendedor.

El importador no debe olvidar que este documento es un medio de financiamiento, toda vez que el banco es quien cancela al proveedor extranjero, por lo que debe conocer los costos que involucra este crédito.

El importador deberá tener en cuenta que existen varios tipos de cartas de crédito a saber;

- **Carta de Crédito a plazo del proveedor.** Es aquella que en sus condiciones estipula que el pago al exportador se efectúa al término del plazo que este último le haya otorgado al importador, habitualmente este plazo está determinado por la fecha de embarque de las mercancías.
- **Carta de Crédito Transferible.** Es aquella en que el beneficiario está autorizado a transferirla a un tercero
- **Carta de Crédito Intransferible:** Es aquella que solo será cobrada por el beneficiario.

El importador debe saber que las cartas de crédito en su forma, pueden diferir entre un banco y otro, pero debe pensar al mismo tiempo que se está hablando de la misma cosa.

BANCO DEL COMERCIO

SOLICITUD DE APERTURA DE CARTA DE CREDITO

ORDENANTE:
RUT:
DOMICILIO:
N° DE FAX:
FONO:

LUGAR Y FECHA:

AL BANCO DEL COMERCIO

LE SOLICITAMOS EMITIR CARTA DE CREDITO, POR NUESTRA CUENTA, OBSERVANDO LOS DETALLES E INSTRUCCIONES QUE APARECEN EN ESTA SOLICITUD(MARCADAS CON UNA "X" SEGÚN EL CASO)Y SUJETA A LAS CONDICIONES GENERALES ESTABLECIDAS AL DORSO DE LA PRESENTE, LAS QUE DECLARAMOS HABER LEIDO Y ACEPTADO EN TODAS SUS PARTES.

LES AUTORIZAMOS A DEBITAR MI (NUESTRA) CUENTA CORRIENTE N°_____

USO DEL BANCO

NUMERO DE LA CARTA DE CREDITO:_____
BANCO CORRESPONSAL ASIGNADO:

BENEFICIARIO:
DIRECCION:
CIUDAD: **PAIS:**
TELEX: **FAX:**
VALOR: ____HASTA____ APROX+/____%
MONEDA: **MONEDA:**

TIPO DE CREDITO
          SI   NO
IRREVOCABLE ___ ___   EMITIR POR
INSTRANSFERIBLE ___ ___   ___ TELEX/SWIFT
CONFIRMADA ___ ___   ___

PAGO A LOS BENEFICIARIOS:
____ A la vista contra entrega de ____ A la Vista contra simple recibo
Embarques
____ Diferido a ____ días ____ Contra presentación de letra a
Desde_____ días desde_____

FECHA Y LUGAR DE VALIDEZ PARA NEGOCIAR

AVISAR ESTE CREDITO A TRAVES
BANCO:
DIRECCION

FINANCIAMIENTO SOLICITADO
____ Del Banco por _____ días desde fecha de embarque
____ Del proveedor a _____ días desde fecha de embarque
____ Del Banco a _____ días desde vencimiento plazo proveedor

CONDICIONES DEL EMBARQUE:
                  Permitidos   No Permitidos
Embarques Parciales _____   _____
Transbordos   _____   _____

TERMINOS DE LA CARTA DE CREDITO
____ EXW   ____ CIF   ____ FOB
____ CFR   ____ OTRO

VIA DE TRANSPORTE:_____ **EMBARQUE DESDE:**_____ **CON DESTINO A:**_____
ULTIMA FECHA PARA EMBARCAR:_____ **PLAZO EN DIAS PARA PRESENTAR DOCUMENTOS DESDE FECHA DE EMBARQUE:**_____

DOCUMENTOS REQUERIDOS	CONOCIM EMBARQUE	FACTURA COMERCIAL	NOTA DE GASTOS	LISTA DE EMPAQUE		CERTIFICADOS			
						SEGURO	ORIGEN	PESO	ANALISIS
ORIGINALES									
COPIAS									

CUBRIENDO LAS SIGUIENTES MERCADERIAS:

OTRAS ESPECIFICACIONES:
____ Juego completo de Conocimiento de Embarque limpio a bordo, a la Orden del Banco del Comercio
____ Todos los documentos de embarque deben indicar N° Crédito Documentario
____ Gastos Bancarios originados fuera de Chile son por cuenta del: Beneficiario:_____ Ordenante:_____
____ Seguro tomado en Chile por el Ordenante, se acompaña Póliza o Certificado de Seguro Provisorio a la Orden del Banco
____ Póliza/Cert. De seguro a la Orden del Banco por valor factura + _____% contra todo riesgo cláusula "A", 60 días esta en Aduanas y desde bodega a bodega en _____

CONDICIONES ADICIONALES

_____
Firma Autorizada

La apertura de la carta de crédito.

El hecho de haber concurrido al banco comercial y procedido a abrir la carta de crédito implica que usted está decidido a efectuar la importación de los, productos requeridos y al mismo tiempo avisar al proveedor extranjero que usted se ha decidido por comprarle sus productos y para lo cual ha depositado una determinada cantidad de dinero que será cancelada en la medida que se cumpla con las condiciones establecidas en el acuerdo suscrito entre ambos intervinientes, es decir, comprador y vendedor. Es importante señalar que usted fijo sus condiciones en términos de los que necesitaba y el vendedor fijo las suyas en los mismo términos y por lo tanto han entregado a la entidad bancaria el proceso correspondiente al cúmplase, es decir la entidad bancaria a la cual usted le entregó su confianza, procederá a negociar la carta de crédito y dar cumplimiento entonces a las condiciones por usted fija y las condiciones fijadas por el proveedor extranjero.

¿Qué condiciones fijó el comprador o importador?

Es importante acordarse de las condiciones que fijó el comprador, condiciones que son muy importantes y que el vendedor debe cumplir, ya que de no hacerlo, entonces no se le cancelará absolutamente nada por parte del banco emisor y menos por parte del banco notificador.

Lo más probable es que el importador haya solicitado que el vendedor le remita la documentación de embarque necesaria para efectuar el trámite de importación.

¿Qué es la documentación de embarque?

La documentación de embarque son los documentos necesarios para efectuar el trámite de la importación o desaduanamiento de las mercancías que llegarán y quedarán depositadas en el recinto de depósito aduanero. Dentro de esta documentación de embarque se encuentra entre otros los siguientes documentos:

- La Factura Comercial
- El Contrato de Transporte
- La Póliza de Seguros
- La Nota de gastos
- El Certificado de Origen

- El Packing List
- Otros.

LA FACTURA COMERCIAL

Definición:

Es un documento privado que extiende un vendedor a un comprador, acredita legalmente la decisión de las partes, de trasladar de uno a otro el dominio de la mercancía objeto del negocio, mediante el pago del valor previamente acordado.

Objetivos:

Refleja la libre voluntad de las partes en cada uno de sus condiciones y debe ajustarse a las normas internacionales vigentes, por lo cual es uno de los documentos básicos para exportar e importar.

Finalidad

Sirve como contrato de compra y venta, de este modo debe firmarse y agregar las cláusulas de arbitraje correspondiente, como también la forma de pago convenida y los documentos de embarque requeridos.

Es un documento de primordial importancia pues acredita las condiciones contractuales, vale decir comprueba legalmente la decisión de las partes de trasladar de la una a la otra, el dominio de la mercancía objeto del negocio mediante el pago de un importe en dinero previamente acordado.

Este documento juega un doble papel desde el punto de vista de la individualización de las mercancías y desde el punto de vista del pago. Debe establecerse, sin embargo, que en algunos casos sirve además, como propio contrato de compraventa. En aquellos casos en que la factura constituye al mismo tiempo prueba del contrato de compraventa, debe firmarse y contener las cláusulas arbitrales correspondientes, así como la lista de los documentos aduaneros que se acompañan y, eventualmente la forma de pago convenida. Esta fórmula que confiere a la factura ciertas funciones de contrato de compraventa, es corriente en las operaciones sencillas o habituales. Con ello se persigue ahorrar trámites, tiempo y gastos adicionales.

La factura comercial es un documento privado que el vendedor de una mercancía extiende a favor de su adquirente; refleja la libre voluntad de las partes en cada una de sus condiciones, pero al mismo tiempo debe ajustarse a normas y usos internacionales por cuanto es uno de los documentos básicos para cumplir los trámites de exportación e importación que implica la compraventa internacional.

- Las facturas deben ser confeccionadas por el exportador tal como lo pide la Carta de Crédito, sin suprimir ninguna palabra. Debe ser confeccionada en la misma moneda en que se especifica la Carta de Crédito y lógicamente no puede exceder el importe de la misma, a menos que el Crédito indique la palabra "aproximadamente" que permitirá un 10% en más o en menos.
- La factura deberá corresponder con los demás documentos de embarque, en todos los datos que en ella constan, por ejemplo el valor del flete facturado deberá ser siempre el mismo valor que figura en el conocimiento de embarque.
-

DATOS QUE DEBE CONTENER UNA FACTURA COMERCIAL

1) Individualización del Vendedor, con su dirección, Dirección Postal, Teléfono, Télex y cualquier antecedente que permita su ubicación.

2) Lugar de expedición y fecha en que se confecciona el documento por la Empresa Exportadora.

3) Cuenta a que corresponde la venta, si es que corresponde.

4) Número de la Factura, que es el que corresponde al documento. Este número es correlativo e individual en cada una de las empresas vendedoras.

5) Individualización de la Persona Natural o Jurídica que realiza la compra. Su dirección, calle, número, ciudad, país dirección telegráfica y postal, etc.

6) Tipo de embarque. En este caso se debe indicar si el embarque es marítimo, terrestre, aéreo, mixto, etc.

7) Nombre del vehículo que transporta la mercancía.

8) Lugar de embarque de las mercancías.

9) Lugar de desembarque de las mercancías.

10) Número del pedido del vendedor.

11) Número del pedido del comprador.

12) Fecha de embarque de la mercancía.

13) Condiciones de pago. Debe indicarse claramente las condiciones en que cancelarse la mercancía. Su forma de pago.

14) Banco con que se operará, para la cancelación de las mercancías.

15) Cantidad de bultos, en los que han sido embaladas las mercancías.

16) Tipo de envases y embalajes.

17) Marcas y Números de los bultos y contramarcas si es que existen.

18) Peso neto de las mercancías.

19) Peso legal de las mercancías.

20) Peso bruto de las mercancías.

21) Metros Cúbicos, si es que corresponde.

22) Descripción de las mercancías. En forma detallada en cuanto a tipo,

En caso de vehículos o maquinarias, deben indicarse números de chasis y motores y datos que permitan individualizar las mercancías.

23) Cláusulas de compraventa, precio unitario, etc.

24) Detalle de valores, según la cláusula de compraventa.

25) Descuentos aplicados y su concepto.

26) Posición arancelaria al nivel de partida, ya que esto facilita los trámites de importación en destino.

EXPORTADORA LA PAIVA LTDA

Los Colorados 345 –Lisboa –Portugal

Fonofax 346876-897677-889970

Email: lapaiva@por.

R.U.T.: 79.642.370 - 6
FACTURA

N° 0000 **198078**

S.I.I. - SANTIAGO ORIENTE

FECHA DATE	Día - Day	Mes - Month	Año - Year

SEÑOR(ES) / MESSRS _____

DIRECCION / ADDRESS _____

PAIS / COUNTRY _____

INVOICE N° _____

CONDICIONES DE VENTA / SALES CONDITIONS _____

PUERTO DE EMBARQUE PORT OF LOADING	PUERTO DE DESTINO PORT OF DESTINATION

BANCO EMISOR - ISSUED BANK	Peso Bruto - Gross Weigth	REGISTRO N° - EXPORT LICENCE N°	BARCO - SHIP

CANTIDAD QUANTITY	DESCRIPCION DESCRIPTION	Valor Unitario UNIT PRICE	VALOR TOTAL TOTAL VALUE

Imp Bravo R.U.T. 6 596 449 - K.F. 639 3976

ORIGINAL: CLIENTE

EL CONTRATO DE TRANSPORTE

Es un documento de embarque de carácter obligatorio que sirve como evidencia del acuerdo de las condiciones impuestas por el transportista y la otra parte que es el consignante de las mercancías. Acredita la propiedad de las mercancías y es endosable o transferible a simple endoso.

Recibe diferentes denominaciones dependiendo del medio de transporte a utilizar, así entonces si el transporte se realiza por vía marítima se denominará Conocimiento de Embarque, Bill of landing o simplemente BL; si el transporte se realiza por vía aérea entonces el contrato recibirá la denominación de Guía Aérea, Air Way Bill o AWB y si el transporte se realiza por vía terrestre, entonces el contrato de transporte recibirá el nombre de Carta de Porte o WB.

Cualquiera sea la denominación que reciban, cumplen las mismas funciones.

El CONTRATO DE TRANSPORTE MARITIMO

CONOCIMIENTO DE EMBARQUE, BILL O LANDING, B.L

Definición: Este documento acredita que la empresa de transporte ha tomado la carga, comprometiéndose a entregarla en un lugar o puerto convenido previamente.

Objetivos:

1. Otorga título de crédito representativo de las mercancías.
2. Es endosable, es firmado por el capitán del barco y el cargador como constancia de recepción y embarque de las mercancías, se emite en 3 originales y varias copias no negociables.
3. Es uno de los documentos primordiales y obligatorios, ya que es prueba de que se ha realizado el embarque de la carga.

Datos que debe contener un Bill of Lading:

IVARAN Lines
OSLO, NORWAY

EXPRESS FREIGHT SERVICE
TO AND FROM U.S.A. BRAZIL AND RIVER PLATE PORTS

Page 2

BILL OF LADING

VESSEL/VOY:	PORT OF LOADING:
SHIPPER:	
CONSIGNEE/ORDER OF:	ARRIVAL NOTICE TO BE ADDRESSED TO:
PORT OF DISCHARGE:	FINAL DESTINATION:	FREIGHT PAYABLE AT:

PARTICULARS FURNISHED BY SHIPPER OF GOODS

Marks and Numbers	N° of Pkgs.	DESCRIPTION OF GOODS	GROSS WEIGHT IN KILOS	CUBIC MEASUREMENT
		SAID TO CONTAIN		

Declared Cargo Value $ .... If Merchant enters a value, Carrier's limitation of liability shall not apply and the ad valorem rate will be charged. See clause 4(b).

B/L N°

Important: Any claim which the importer considers he is entitled to bring against the exporter, due to the quality, weight, measure, covering or packing of the goods covered by this document, should be submitted as early as possible through the nearest Consular representative of the Argentine Republic. In order that he may adopt the administrative measures considered necessary, without prejudice to any other steps the interested party may desire to take, judicially or otherwise. It is understood that the official intervention in respect of claims will be limited to an effort to conciliate the parties, and to consider the necessity of bringing administrative sanctions against the exporting firm, should the latter be responsible.

The above notice to importers is inserted solely to comply with Argentine government Decree N° 84712 and in no way affects the immunities or liabilities of the Carriers or their agents as set out elsewhere, in this Bill of Lading.

IN WITNESS WHEREOF 3 Bills of Lading (exclusive of non-negotiable copies) all of this tenor and date, have been signed, one of which being accomplished, the others stand void.

DATED AT THE PORT OF LOADING SHOWN ABOVE
ON ....

FOR **IVARAN LINES**

BY .... AGENCIA MARITIMA ROBINSON S.A.C.F. e I.
AS AGENT ONLY

	RATE	PER	FREIGHT
		FREIGHT U$S	

El Contrato de Transporte vía aérea
AÉREO, AIR WAY BILL (AWB)

Definición: Este documento es emitido por la compañía de trasporte aéreo, donde prueba la existencia de un contrato de transporte, acredita que el transportador ha tomado la carga obligándose a entregarla en el aeropuerto convenido previamente.

Objetivos:

1. Otorga título de propiedad negociable al ser presentado por el comprador o por una persona destinada.
2. Es endosable, se emite en 3 originales siendo el 2º para el consignatario.

Datos que debe contener una Guía Aérea

- Consignatario o destinatario de las mercaderías (Consignee)
- Nombre del expedidor (Shipper)
- Indica monto, flete, cantidad, bultos, peso, marcas, tipo, etc.
- Debe indicar el aeropuerto de salida y destino de la carga notificada
- Fecha de embarque, cuando se emitió el documento o de recibo de la carga en bodega (Flight date)
- Debe indicar el nombre de la compañía aérea y el número de vuelo y su representante
- Debe indicar si la mercancía fue recibida en buen estado o con alguna anomalía
- Número original de AWB
- Descripción de la carga
- Indica si la carga es pre- pagado (Freight pre paid) o por pagar.(Collect)

EL TRANSPORTE AÉREO

Si bien es el más costoso, tiene a su favor el reloj de tiempo, ya que es el tipo de transporte más rápido de estos tiempos, los cálculos para transportar mercadería en estos varía según los volúmenes, pesos, y por supuesto la ruta que estos debieran recorrer.

Si bien actualmente los costos en transporte aéreo se manejan dentro de un mercado de libre competencia, tener la indicación de los niveles que se manejan para el mercado internacional, facilitará la estructuración de los costos de importación.

Las aplicaciones de las tarifas aéreas, se basan principalmente en:

La ruta,
El tamaño de los envíos,
El producto y la relación peso / volumen, (m3 * 167 = Kilo Volumen).

Mínima: Es el costo mínimo de un despacho. Valor total en USD, dependiendo de la negociación que tenga la empresa con la compañía aérea o con el embarcador (Forwarder).

Por peso del envío: Para este efecto, por lo general se establecen las siguientes escalas. Su base de aplicación es el Kg.

Menor a 45 Kg. Más de 45 Kg. Más de 100, de 200, de 300, de 500 y más de 1000 Kg.

- Adicional a la tarifa, se cobran los recargos de Combustible (FS), el Surcharge y de Seguridad (SF) Security Fee, los cuales tienen mayor movilidad que las tarifas. Su base de aplicación es el Kilo, con una base mínima según la aerolínea.

Características

Aéreo

- Mejor servicio al cliente por la rapidez de la entrega.
- Permite renovación constante de stocks.
- Mayor seguridad en los plazos de entrega.
- Adecuación para mercaderías perecederas, electrónicas o de mucho valor.
- Medio adecuado para el envío de muestras.
- Relación particular tarifa peso/volumen.
- Menor manipulación que reduce costo de embalaje.
- Las primas de seguro son más reducidas (bajos índices de robos, averías, o pérdidas por factores climáticos).

- Permite incrementar la vida comercial útil de los productos perecederos.
- Guía aérea (Airway Bill).
- Lo emite el agente IATA (Asociación internacional de transporte aéreo) de cargas aéreas, autorizado por las compañías aéreas.
- Es un documento no negociable que si bien no involucra propiedad, como la posesión de un B/L, cumple varios propósitos:
- Prueba del contrato de transporte;
- Prueba del recibo de la mercadería;
- Factura de Flete:
- Certificado de seguro;
- Liberación aduanera.

Conhecimento de Embarque - Aéreo (AWB)

Shiper's Name and Address	Shipper's account number	
		Copies 1, 2 and 3 of this Air Waybill are originals and have the same validity
Consigner's Name and Address	Consignee's account number	

Issuing carrier's Agent Name and City	Accounting Information
Agent's IATA Code / Account No.	

Airport of departure (Addr of first carrier) and requested Routing

to	Routing and destination	to	by	to	by	Currency	CHGS code	WT/VAL PPD COLL	other PPD COLL	Declared value for carriage	Declared value for customs
Airport of destination	Flight/Date	for carrier use only	Flight/Date	Amount of Insurance				INSURANCE - If shiper requests insurance in accordance with conditions on reverse hereof, indicate amount to be insured in figures in box marked amount of insurance			

Handing Information

No of pieces RCP	Gross Weight	Kg Lb	Rate Class / Commodity Item No	Chargeable Weight	Rate / Charge	Total	Nature and quantity of goods (incl. dimensions and volume)

Prepaid / Weight Charge / Collect	Others Charges
Valuation Charge	Insurance Premium
Tax	
Total other charges due agent	Shipper certifies that the particulars on the face hereof are correct and that insofar as any part of the consignment contains dagerous goods, such part is properly described by name and is in proper condition for carriage by air according to the applicable Dangerous Good Regulation
Total other charges due carrier	
	Signature of Shipper or his Agent
Total prepaid / Total collect	
Currency Conversion Rates / cc charges in Dest. Currency	Executed on (Date) at (Place) Signature of Issuing Carrier or its Agent
For Carriers Use Only at Destination / Charges at destination / Total collect charges	

El Contrato de transporte vía terrestre

TERRESTRE, CARTA DE PORTE, WAY BILL

Definición: Este documento prueba la existencia de un contrato de transporte terrestre, acredita que el transportador ha tomado la carga obligándose a entregarla en un destino convenido por las partes.

Objetivos

1. Otorga título de propiedad negociable al ser presentado por el comprador o por una persona destinada.
2. Es endosable, se emite en originales y copias

Datos que debe contener una Carta de Porte:

- Nombre y domicilio del remitente y del destinatario de las mercaderías
- Indica monto y la moneda a ocupar
- El peso bruto, el volumen y el valor FOB de las mercancías
- Número original de el documento
- Indica si el flete es pre- pagado o por pagar
- Debe indicar el lugar de salida y destino de la carga notificada
- Fecha de embarque, cuando se emitió el documento o de recibió la carga
- Debe indicar si la mercancía fue recibida en buen estado o con alguna anomalía
- Nombre y firma de la empresa transportista y del destinatario o su representante
- Cantidad y clase de bultos, marcas, números, tipo de mercancías, contenedores y accesorios.

Características

Carretero

- Simplicidad, versatilidad y flexibilidad.
- Permite transportar cualquier tipo de mercadería.
- Se utiliza cuando se trata de entregas puerta a puerta.
- Fuerte competencia, lo que permite negociar condiciones ventajosas.

- Carta de Porte (Inland or Ground Bill of Lading)
- Es el titulo legal del contrato entre el cargador y el porteador y es el elemento de prueba de la carga. Cumple una importante función como instrumento de crédito y puede ser emitido: al portador, nominativo, a la orden, unimodal, conjunta o indistinta.

Ferroviario

- Es adecuado para grandes envíos de vagón completo a mercados limítrofes.
- Permite transportar gran variedad de tipos de mercaderías y grandes tonelajes en largos recorridos.
- Sus servicios son regulares, con itinerarios determinados.
- Facilidad de seguimiento de la carga.
- Bajo índice de siniestralidad.
- Carta de Porte (Rail Road Bill of Lading)
- (idem anterior)

Multimodal

- Es reciente. Describe el traslado de mercaderías desde su origen hasta un destino, combinando distintos medios de transporte (terrestre, marítimo, aéreo).
- Es la consecuencia de los avances tecnológicos en el transporte internacional, principalmente con la utilización de pallets y contenedores o vehículos cerrados, capaces de ser transbordados de uno a otro medio de transporte sin necesidad de llevar a cabo manipulación alguna de las mercaderías, los cuales al estar precintados, permiten el tránsito aduanero por varios países, de manera simple y rápida.
- No es necesario realizar distintos contratos para cada cambio en el medio de transporte.
- Conocimiento de Transporte Multimodal (Conocimiento FIATA-Federation International des transitaires).

En la página siguiente se muestra un modelo de Carta de Porte para el transporte carretero.

TRANSPORTE PUBLICO FEDERAL, SA DE CV
R.F.C. ABC-000000-000

Allende Sur No.1101 Col. Universidad
Toluca, México C.P. 50130 Tel. 123-4567

CARTA PORTE

N° 001

LUGAR Y FECHA DE EXPEDICION:	
ORIGEN:	DESTINO:
REMITENTE:	DESTINATARIO:
R.F.C.:	R.F.C.:
DOMICILIO:	DOMICILIO:
SE RECOGERA EN:	SE ENTREGARA EN:

VALOR UNITARIO, CUOTA CONVENIDA POR TONELADA O CARGA FRACCIONADA	VALOR DECLARADO	CONDICIONES DE PAGO

BULTOS		QUE EL REMITENTE DECLARA EL CONTENIDO SIGUIENTE	PESO	VOLUMEN		CONCEPTO	IMPORTE
Num.	Embalaje			M³	PESO ESTIMADO	Flete	
						Reparto	
						Recolección	
						Entrega otros	
						Maniobras	
						Autopistas	
TOTALES						Libramientos	
						Transbordadores	

REEMBARCO: _____
CONDUCIRA: _____ DE _____ A _____

Seguros	
Otros	
Subtotal	
I.V.A.	
Subtotal	
Retención I.V.A.	
TOTAL	

ESTE TRANSPORTE PUBLICO FEDERAL ES CONDUCIDO POR _____ CON LICENCIA
NUMERO _____, CON EL TRANSPORTE CON PLACAS DE CIRCULACION NUMERO _____

FIRMA DEL OPERADOR

CANTIDAD CON LETRA:

RECIBI DE CONFORMIDAD	DOCUMENTO	OBSERVACIONES
FIRMA DEL DESTINATARIO		

PIE DE IMPRENTA

Como se expresó anteriormente, el importador puede solicitar al exportador que él mismo le contrate el flete en una compañía naviera, aérea o terrestre o bien hacerlo él mismo dirigiéndose a la compañía transportadora que él ha elegido para que le traslade las mercancías, dependiendo por supuesto de la vía de transporte que crea más conveniente, es decir, marítima, aérea o terrestre.

También, se expresó que no obstante no ser obligatorio, es conveniente el contratar un seguro, de acuerdo al incoterm que se haya pactado. En todo caso cualquiera sea este, es conveniente asegurar las mercancías frente a potenciales siniestros, robos, faltantes etc., y para ello el importador deberá contratar los servicios de una Compañía aseguradora. Al respecto diremos lo siguiente en relación con el seguro.

LA PÓLIZA DE SEGURO

Según el Código de Comercio el Seguro es un contrato bilateral, condicional y Aleatorio por el cual una persona natural o jurídica toma sobre sí por un determinado tiempo todos o algunos de los riesgos de pérdida, obligándose mediante una retribución convenida, a indemnizarle la pérdida o cualquier otro daño estimable que sufren los objetos asegurados.

La Póliza de Seguro no es otra cosa que el documento que justifica el seguro, ésta puede transferirse como cualquier título de crédito.

Existen dos tipos de pólizas:

a.- Las Pólizas Flotantes o Globales

b.- Las Pólizas Específicas o Facultativas.

Las Pólizas Flotantes o Globales se utilizan en expediciones de mercancías con cierta continuidad y está sujeta a declaraciones futuras por viajes.

Las Pólizas Específicas o Facultativas se refieren a expediciones aisladas, se contratan por cada transporte en forma individual.

Dado que no existe obligatoriedad de contratar un seguro, y para los efectos de conformar el monto CIF, base de la valoración en aduanas, El Servicio de aduanas permite aplicar el denominado Seguro Teórico que es el 2% sobre el Monto FOB.

En una Póliza de Seguro resulta importante diferencia lo siguiente:

Valor de la mercancía: Que es el valor de la mercancía que se está vendiendo de acuerdo al Incoterm utilizado.

Monto Asegurado: Que es el monto por el cual se asegura la mercancía, por ejemplo valor Factura más un 10% (es sobre este monto que la Compañía Aseguradora procede a indemnizar total o parcialmente de acuerdo con la pérdida.

Tasa de Seguro: Que es el porcentaje que la compañía cobra por asegurar la mercancía, dependiendo del valor de la mercancía y del riesgo de la misma.

Prima de Seguro: Es la cantidad de dinero que el asegurado paga por contratar el seguro.

Prima Neta : Es la cantidad que se obtiene de aplicar el porcentaje de la tasa sobre el monto asegurado y esta es la cantidad que se debe considerar como el seguro por parte de la Aduana en la conformación del Valor CIF.

IVA: dado que la compañía aseguradora es una prestadora de servicios, debe también aplicar el correspondiente impuesto al Valor Agregado o IVA y que en el caso de nuestro país es de un: .... sobre la prima neta.

Prima Bruta: Es el resultado de sumar la Prima Neta más el IVA y corresponde a la cantidad de dinero que el asegurado efectivamente cancela a la Compañía Aseguradora.

Objetivos:

Indemnizar al asegurado por posibles perdidas o daños materiales que sufrí su carga, materia asegurada, durante su transporte desde el lugar de origen hasta el lugar de destino. Las condiciones más importantes de las pólizas de seguro son contra todo riesgo y de bodega a bodega.

Datos que debe contener una Póliza de Seguros:

- Nombre de asegurado y del asegurador
- Vigencia y número de la póliza
- Moneda en la que esta hecho el documento

- Código del corredor
- Número del certificado de Seguro
- Debe indicar las materias aseguradas y su embalaje
- La cobertura de lo asegurado y los montos asegurados
- Valor de la prima
- Debe decir si tiene o no deducible
- Nombre y datos de la empresa transportadora
- Fecha y lugar de salida y de llegada
- El número de B/L, AWB o Carta de Porte según sea el caso
- Una copia destinada para el agente de aduana

SEGUROS LA FRANCIA S.A	POLIZA DE SEGUROS
COMPAÑÍA DE SEGUROS GENERALES	Importaciones-Exportaciones
Rue les moulin 35 Marsella-France	

POLIZA Y/O CERTIFICADO N°

N° POLIZA FLOTANTE

Asegurado:
Dirección Comercial:

Ciudad:　　　　Comuna:　　　　País:　　　　RUT:

Transporte　　　　　　　　　Vía
Nave　　　　　　　　　　　　BL
Fecha Embarque　　　　　　Fecha estimada de arribo
Materia Asegurada

Condiciones del Seguro
Cobertura de Acuerdo a la cláusula
De bodega a bodega con　　días de estadía en aduanas e incluyendo guerra y huelga

| Cobertura | Monto | Tasa | Prima |

Valores expresados en:

Vigencia desde:
Hasta:
Nombre Agente:
Agencia:
Fecha Emisión

Prima Neta

IVA

Prima Bruta

Gerente

LA NOTA DE GASTOS

La Nota de Gastos es un documentos de embarque de carácter opcional emitida por el proveedor extranjero o exportador en beneficio del importador o comprador, en donde se estipulan todos los gastos en que ha incurrido el vendedor a nombre del comprador a objeto de que éste proceda a reembolsarlos en una fecha propicia.

La Nota de Gastos pierde su carácter de opcional cuando la cláusula de compra y venta o INCOTERMS es Fas o Ex – Work.

En todo caso la nota de gastos puede venir indistintamente en un documento que tenga tal carácter o bien incluido en la Factura Comercial o el Contrato de Transporte.

Por lo general una nota de gastos incluye entre otros los siguientes gastos dependiendo si la cláusula de compra y venta es Ex –Work o FAS.

Flete Interno
Movilización
Manipulación
Gastos de embarque o Carguío.

EXPORTADORA SAINT JEAN LTDA
Nueva Los Dominicos 345 Valencia- España
NOTA DE GASTOS

Flete Interno……………………………………………….US$
Movilización………………………………………………..US$
Manipulación……………………………………………….US$
Carguío o Embarque……………………………………… US$

Total Gastos Internos……………………………………..US$_____

Jean Saint Jean
Director

Valencia 08 de :……………………….de :…………………….

PACKING LIST O LISTA DE EMPAQUE

Es un documento emitido por el exportador y proporciona datos sobre las especificaciones de cada uno de los bultos de la transacción, atendiendo a la necesidad de que el contenido de cada uno de ellos se encuentre debidamente identificado en sus mínimos detalles técnicos. Es un documento que facilita a las autoridades de Aduanas realizar su inspección, y al cliente a identificar el contenido de la carga.

El packing List es entonces un documento de embarque opcional que describe la relación de contenido que trae cada bulto.

La Lista de Empaque o Packing List le sirve fundamentalmente a:

- Al Importador
- Al Despachador de Aduanas
- A la Compañía de Seguros

Al Importador.-

El Packing List le permite al importador conocer el contenido que trae cada bulto de acuerdo con el pedido de mercancías que hubiese realizado, de manera tal que en caso de mermas o faltantes, pueda realizar el reclamo al proveedor extranjero y a la Compañía Aseguradora.

Al Despachador de Aduanas.-

Al Despachador de Aduanas le permite identificar las mercancías que vienen en el interior de cada bulto para posteriormente realizar el pedido arancelario y la clasificación de las mercancías, de manera tal que cuando no se encuentre seguro en cuanto a la clasificación pueda realizar el Reconocimiento previo de las mercancías mediante una solicitud dirigida a la aduana, a través de un documentos denominado Solicitud de Reconocimiento, Reembalaje y División de Bultos.

Al efectuar la solicitud, el Despachador de Aduanas puede guiarse por el Packing List e identificar el bulto en el cual se encuentra el contenido que le merece dudas.

A la Compañía Aseguradora.-

Le permite constatar si efectivamente existen mercancías faltantes y solicitar la inspección del bulto en cuestión constatando que efectivamente existe una merma o no y practicar las investigaciones del caso.

La Lista de Empaque guarda estrecha relación con la factura comercial y normalmente la acompaña en todo momento.

DATOS DE QUE DEBE CONTENER UN PACKING LIST
- Número y fecha del documento
- Datos del exportador e importador
- El número de confirmación del documento
- Número y fecha de la orden
- Lugar de destino
- Nombre y bandera del transporte
- Número, pesos y volumen de bultos
- Forma de embalaje de las mercancías
- Marcas y detalle de cada bulto en embarques de equipos de grandes dimensiones, embarques parciales y embarques aéreos.
- La totalidad de los pesos brutos y netos debe coincidir con la totalidad de iguales pesos declarados en el conocimiento de embarque.
- Contenido de los diferentes envases
- Especificación de peso y dimensiones de cada bulto

PACKING LIST

MARCAS	N°	CONTENIDO	KB

FIRMA

EL CERTIFICADO DE ORIGEN

El documento "Certificado de Origen" tiene como principal objetivo acreditar el origen nacional de un producto que se destina a la exportación, de acuerdo con las Normas de Origen pactadas en los respectivos Acuerdos Comerciales.

Conforme a lo anterior y por la inserción de Chile en los mercados internacionales a través de la firma de los convenios suscritos en el marco de:

- ALADI, Acuerdos de Alcance Regional (PAR)
- Acuerdos de Complementación Económica (ACE), así como los
- Tratados de Libre Comercio con Canadá, México, Centroamérica; Unión Europea, Corea, EFTA, Estados Unidos, etc.

Este documento es fundamental para los efectos de acogerse a las preferencias arancelarias que se han alcanzado.

¿QUÉ ES Y PARA QUE SIRVE EL CERTIFICADO DE ORIGEN?

- "El "Certificado de Origen" tiene como principal objetivo acreditar el origen nacional de un producto que se destina a la exportación, de acuerdo con las Normas de Origen pactadas en los respectivos Acuerdos Comerciales.
- Conforme a lo anterior y por la inserción de Chile en los mercados internacionales a través de la firma de los convenios suscritos en el marco de ALADI (Acuerdos de Alcance Regional -PAR- y Acuerdos de Complementación Económica -ACE-) y los Tratados de Libre Comercio con Canadá y México, etc., y los próximos a firmarse este documento es fundamental para los efectos de acogerse a las preferencias arancelarias que se han alcanzado.

- Además, como nación considerada en vía de desarrollo, los productos originarios de nuestro país son beneficiados con el mecanismo denominado Sistema Generalizado de Preferencias SGP, otorgado por países de economías desarrolladas.

- Para lograr acogerse a las preferencias arancelarias obtenidas, ya sea por negociaciones bilaterales o beneficios arancelarios del SGP y de acuerdo con las disposiciones internacionales emanadas de los mismos tratados vigentes, deberá acreditarse el origen de las mercancías exportadas mediante un Certificado de Origen suscrito por alguna repartición oficial o entidad gremial con personalidad jurídica, habilitada por el gobierno del país exportador.

Están exceptuados de este trámite las exportaciones acogidas a los Tratados de Libre Comercio con Canadá y México, en donde los propios exportadores deben certificar el origen de sus productos."

DATOS QUE DEBE CONTENER UN CERTIFICADO DE ORIGEN
- Número de certificado
- País exportador e importador
- Nombre, dirección, teléfono y fax del productor
- Nombre, dirección, teléfono y fax del exportador e importador
- Puerto o lugar de embarque
- Número y fecha de la factura comercial
- Número, código arancelario, denominación, cantidad, medida y valores FOB en la moneda correspondiente, de las mercancías

Normas de origen
- Debe incluir una declaración de exportador, donde dice que cumplen con los acuerdos vigentes, con sello y firma del exportador
- Nombre, sello y firma de la entidad certificadora, que otorga la veracidad al documento.
- Al reverso del certificado, se encuentra un instructivo para llenarlo y las normas de cada certificado.

Diferentes tipos de Certificados:

Existen diferentes tipos de Certificados de Origen, dependiendo de donde provenga la mercadería y de los diferentes tipos de acuerdos que existan entre los países en negociación, a modo de ejemplo podemos decir que para:

- La Comunidad Europea existe un Certificado de Origen que se denomina EURO 1,
- Así como para los países pertenecientes al MERCOSUR, ALADI, a los Tratados de Libre Comercio con Estados Unidos, Corea, México, Canadá, Centroamérica y EFTA (Suiza, Noruega, Islandia y Liechtenstein), sin embargo el objetivo primordial del certificado de origen es validar el origen del producto para acogerse a las disposiciones de los existentes acuerdos.

Concepto de origen:

Para entender la utilidad del certificado de origen es necesario hacer una **distinción entre el país de origen y el país de Adquisición** de un producto.

- **El país de origen** es el país en el cual las mercaderías han sido extraídas, cosechadas, fabricadas o armadas en su totalidad o parcialmente a partir de productos originarios del mismo país, o de un porcentaje de insumos importados, bajo condiciones que convengan los estados contratantes de un acuerdo internacional.
- **El país de Adquisición** es aquel en que la mercancía se comercia legalmente con otros países sin importar de donde provenga.

ENTIDADES AUTORIZADAS PARA EMITIR CERTIFICADOS DE ORIGEN

- Sociedad de Fomento Fabril (SOFOFA) Lista productos UE
- Servicio Agricola y Ganadero SAG
- Servicio Nacional de Pesca (SERNAPESCA)

- Comisión Chilena del Cobre (COCHILCO)
- Cámara Nacional de Comercio
- Asociación de Exportadores A.G.
- Servicio de Cooperación Técnica (SERCOTEC) sólo certifica calidad de la artesanía nacional.
- Asociación de Industriales de la Quinta Región (ASIVA)

II PARTE
ADUANAS Y PROCESO ADUANERO
ADUANAS

De acuerdo con el artículo número 1 de la Ordenanza de Aduanas, el Servicio Nacional de Aduanas, es un servicio público, de administración autónoma, con personalidad jurídica propia de duración indefinida y que se relaciona con el poder ejecutivo a través del ministerio de Hacienda, este servicio será denominado para todos los efectos legales como institución fiscalizadora y su domicilio legal será la ciudad de Valparaíso.

Al Servicio de Aduanas le corresponde vigilar y fiscalizar el paso de las mercancías por las costas, fronteras, puertos y aeropuertos de la república, intervenir en el tráfico internacional para los efectos de la recaudación de los impuestos a la importación, exportación y otros que determinen las leyes, generando las estadísticas de ese tráfico por las fronteras, sin perjuicio de las demás funciones que le encomienden las leyes.

En relación con lo anterior, entonces al Servicio de Aduanas le corresponde una labor de fiscalización tanto en el tráfico de mercancías de importación como de exportación y otros que las leyes le encomienden.

Es importante señalar que no es lo mismo decir aduanas que Servicio de Aduanas, ya que las aduanas no son otra cosa que los puntos habilitados para el ingreso y salida de mercancías y que el Servicio de Aduanas es la estructura organizativa de las aduanas.

Al respecto la fiscalización que realiza la aduana se encuentra referida tanto al ingreso como a la salida de mercancías y de personas, pudiendo ser en lo que se refiere a las mercancías tanto de importación como de exportación.

Entenderemos por *importación* a la introducción legal de mercancías extranjeras para su uso o consumo en el país.

En cambio entenderemos por e*xportación* a la salida legal de mercancías nacionales o nacionalizadas para su uso o consumo en el exterior.

El concepto de legalidad, es decir la salida o introducción legal deberá gestarse en función de la intervención de tres elementos de gran importancia en nuestro comercio exterior:

a.- La documentación de embarque
b.- El Banco Central de Chile.
c.- El Servicio Nacional de Aduanas.

a.- La documentación de embarque.

Este elemento nos señala que todas las mercancías que ingresen o salgan deben hacerlo con el respaldo legal de la documentación que avala que estas han sido adquiridas legalmente.

b.- El Banco Central de Chile será para nosotros el organismo rector del comercio exterior y en lo que se refiere a:

Importaciones: Permitirá al importador tener acceso al mercado de divisas y a

Exportaciones: Llevar el control por concepto de retorno de divisas.

c.- El Servicio de Aduanas en cambio es el organismo encargado de fiscalizar que tanto las personas como las mercancías que ingresen o salgan lo hagan por los puntos habilitados que son las aduanas.

Resulta necesario efectuar un desglose de los conceptos tanto de importación como de exportación ya que es la mejor manera de entender lo que ambos encierran.

Tanto la definición de importación como de exportación mencionan la palabra *legal*, es decir nos señalan que las mercancías que ingresen o salgan deben hacerlo por puntos habilitados, y como se expresó precedentemente, estos puntos habilitados que le otorgan la legalidad no son otra cosa que las aduanas.

La misma definición nos habla de mercancías, al respecto podemos decir que mercancías son todos los bienes muebles sin excepción alguna. Si se continúa revisando la definición esta nos dice que las mercancías que ingresen o salgan pueden ser de diferentes tipos. Al respecto tenemos entonces; mercancías nacionales, mercancías extranjeras y mercancías nacionalizadas.

Las mercancías nacionales son todas aquellas producidas o manufacturadas con materias primas nacionales o nacionalizadas.

Las mercancías extranjeras son aquellas que provienen del exterior y cuya importación no se ha consumado legalmente, aunque sean de producción o manufactura nacional, o que habiéndose importado bajo una condición, ésta deje de cumplirse.

Por último las mercancías nacionalizadas son aquellas mercancías extranjeras cuya importación se ha consumado legalmente, esto es, cuando terminada la tramitación fiscal queda la mercancía a la libre disposición de sus dueños.

Territorio geográfico y territorio aduanero

Las aduanas se encuentran distribuidas a lo largo del país sean estos puertos, aeropuertos, o fronteras en lo que se denomina el territorio geográfico, sin embargo al estudiar las aduanas vemos que estas se encuentran ubicadas en lo que se conoce como territorio aduanero.

En relación con lo anterior, se pueden distinguir entonces dos tipos de territorios el:

a.- Territorio geográfico y

b.- Territorio aduanero.

a.- El territorio geográfico es el territorio, que está conformado por el espacio geográfico terrestre, marítimo y aéreo donde se asienta un estado. En el caso de Chile sería el espacio físico que ocupa nuestro país y en donde habitan chilenos y extranjeros avecindados afectándoles las leyes que rigen a nuestro país.

b.- El territorio Aduanero, se define como el territorio en donde las leyes aduaneras son aplicables y como las leyes aduaneras son aplicables en todo el territorio geográfico, decimos entonces que existe una coincidencia entre el territorio aduanero y el territorio geográfico.

La Potestad Aduanera

Todas las mercancías que ingresen o salgan del país quedarán bajo la potestad de la aduana. Al respecto entenderemos por:

Potestad Aduanera: Al conjunto de atribuciones que tiene el servicio de aduanas para controlar el ingreso y salida de mercancías hacia y desde el territorio nacional y para dar cumplimiento a las disposiciones legales y reglamentarias que regulan las actuaciones aduaneras. Quedan también sujetas a dicha potestad las personas que pasen por las fronteras, puertos y aeropuertos, u la importación y exportación de los servicios respecto de los cuales la ley disponga la intervención de la aduana.

El Régimen de importación general y el régimen especial.

En nuestro país, en relación con las mercancías, éstas se pueden introducir bajo dos regímenes:

a.- ***Régimen general***

b.- ***Régimen especial***

a.- Se dice que las mercancías ingresan a *régimen general* cuando el derecho que les afecta (arancel) es igual para todas ellas, sea cualquiera la aduana por donde ingresen, salvo por zonas de tratamientos aduaneros especiales o que se importen bajo un acuerdo, tratado o convenio. En todo caso, si el interesado solicita la aplicación en una zona de tratamiento aduanero especial del régimen general, también estas mercancías habrán ingresado bajo ese régimen general.

b.- Se dice que las mercancías ingresan bajo *régimen especial*, cuando se importan al amparo de un tratado, convenio o acuerdo. (Mercosur, Aladi, tratado bilateral) o bien ingresan a una zona de régimen aduanero especial, esto es, que a esas mercancías se les aplican derechos (aranceles) rebajados, o bien ingresan libre de derechos.

Zonas de tratamiento especial

Antecedentes históricos de las zonas de tratamientos aduaneros especiales en Chile.

Chile no es la primera vez que ha establecido zonas de tratamientos aduaneros especiales como las hoy conocidas zonas francas de Iquique y Punta Arenas.

Si nos remontamos en el tiempo podremos apreciar la existencia de los denominados puertos libres de Arica y Punta Arenas, la zona franca alimenticia de Antofagasta, la zona franca industrial de Iquique, las hoy zonas francas de Iquique y Punta Arenas, etc., pero no nos hemos preguntados ¿por qué siempre estas zonas de tratamientos aduaneros especiales se instalan siempre en los extremos de nuestro país?

Para responder a ello debemos hacer una retrospección histórica que sin lugar a dudas nos puede dar luz sobre el tema. Quizás las principales causas son de carácter geopolíticas, económicas y sociales y la solución de una conlleva a la solución de las otras.

1. Geopolíticas
2. Económicas y
3. Sociales

1.- Geopolíticas.-

En la actualidad, Chile limita al **Norte** con Perú, al **Este** con Bolivia y Argentina, al **Oeste** con el Océano Pacífico y al **Sur** con el Polo Sur. Pero ¿siempre fue así?

En los mapas, a Chile continental se le observa como una delgada faja de tierra, ubicada en el último rincón del mundo, siendo Puerto Natales y Punta Arenas las ciudades más australes del orbe.

Chile es el país más largo del mundo con una longitud de casi 4400 kms, lo que constituye su territorio continental, equivalente a la décima parte de la circunferencia de la tierra, todo esto desde el límite norte y hasta el Estrecho de Magallanes. Su ancho máximo es de 468 kms., en las proximidades del Estrecho de Magallanes, desde

Punta Dúngenes hasta los islotes Evangelistas y su ancho mínimo es de 90 kms., entre Punta Amolanas y el Paso de la Casa de Piedra en la IV Región.

Como es conocido, Chile sostuvo un conflicto bélico contra Perú y Bolivia, conocido como Guerra del Pacífico. En esa guerra en donde Chile resultó vencedor se firmaron dos tratados, el Tratado de Ancón del 20 de octubre de 1883, en el que Perú cede a perpetuidad la provincia de Tarapacá, quedando Arica y Tacna en negociaciones por un período de 10 años, pasados los cuales se resolvería la posesión de ambas ciudades a través de un plebiscito el que finalmente dejó a Arica en poder de Chile y Tacna volvió bajo soberanía peruana.

El segundo tratado fue el de paz y amistad firmado con Bolivia en el año 1904 en el que éste último país cedió Antofagasta a perpetuidad a Chile.

Por el Sur también Chile ha tenido problemas limítrofes. Durante el año 1872. Argentina articuló una controversia sobre la soberanía de la Patagonia, sin embargo Chile recordó que los derechos históricos establecidos en el tratado de 1856, señalaban que los territorios de Chile se extendían hasta toda la Patagonia, cortada al norte por el río Diamante. No obstante y debido a los problemas limítrofes que Chile mantenía en el norte permitió que las tropas argentinas entraran en forma pacífica a la Patagonia sin que encontraran oposición alguna.

La grave situación por la que pasaba Chile en su conflicto bélico por el norte, lo obligó a entregar sus derechos sobre la Patagonia a la Argentina a través del tratado firmado en el año 1881, que estableció como límites de norte a sur desde el paralelo 52 de latitud, pasando por las cumbres más altas de la Cordillera de Los Andes que dividan las aguas. También se estableció en el tratado que sería la corona británica quien arbitraría en caso de que no se llegase a un acuerdo en situaciones de beligerancia.

Con lo anterior, el estrecho de Magallanes quedó con sus dos orillas bajo jurisdicción chilena, en tanto que las islas existentes sobre el Atlántico al oriente de la Tierra del Fuego y costas de la Patagonia, quedaban en poder de Argentina.

No obstante lo anterior, un nuevo conflicto surgió con Argentina y que se conoció como conflicto del Beagle, conflicto que estuvo a punto de enfrentarnos por las armas con Argentina, sin embargo y gracias a la intervención del Papa este conflicto se resolvió en forma pacífica.. Así entonces, las islas al sur del Beagle y desde isla Nueva al cabo de Hornos pertenecen a Chile, sin proyección hacia el océano Atlántico, de acuerdo a lo establecido en el tratado de paz y amistad firmado en Roma el 2 de enero de 1985, lo que significó que Chile mantenía su soberanía sobre las Islas Picton, Nueva y Lenox.

Luego vinieron con Argentina los problemas limítrofes relacionados con Palena y con los Campos de Hielo Sur.

Como nos podemos dar cuenta, el hecho de crear zonas de tratamientos aduaneros especiales en los extremos de nuestro país, tiene su razón de ser y geopolíticamente resulta necesario hacerlo, esto por varias razones.

a.- Al crear polos de atracción en las zonas extremas, permite que la población que vive en esas zonas se mantenga en ellas y no se produzca un despoblamiento al tener que emigrar los pobladores hacia países limítrofes en busca de trabajo.

b.- Al crear polos de atracción en las zonas extremas, permite a los pobladores y residentes de esas zonas mantenerse en ellas y no inmigrar hacia el centro del país, pudiendo crearse conflictos sociales de una peligrosidad difícil de predecir, ya que la demanda de trabajo en relación con la oferta del mismo, significaría estar sobre una olla a presión próxima a estallar.

c.- El despoblamiento de las zonas extremas, implicaría el no hacer soberanía y por lo tanto abandono de las mismas con consecuencias nefastas si se analiza profundamente el cómo Chile se hizo de esos territorios.

2.- Económicas.-

Al crear polos de atracción para los habitantes de las zonas extremas, es decir, creación de fuentes laborales, se evita con ello la emigración de sus pobladores hacia los países limítrofes por un lado y por el otro la inmigración a la zona central, lo que indudablemente soluciona el problema geopolítico que implica el abandonar las zona en busca de perspectivas laborales, que le signifiquen al habitante buscar el sustento tanto para él como para su familia.

3.- Sociales.

Los problemas económicos traen aparejado problemas sociales, problemas de tal envergadura que significan hacer abandono del núcleo familiar, para salir en busca de nuevas perspectivas laborales que le permitan al habitante la búsqueda en otros lugares de fuentes para el sustento trayendo consigo muchas veces el quiebre de la familia al no estar presente el jefe de la misma.

Al crear estos polos de atracción que signifiquen tener fuentes laborales que le permitan al jefe de familia disponer de los ingresos para sostener al grupo familiar, se evita con ello la disgregación de la misma, la solución del problema económico, social y finalmente la solución para el problema geopolítico.

En nuestro país existen dos zonas de tratamientos aduaneros especiales que son conocidas como Zonas Francas.

a.- Zona Franca de Iquique (Zofri)
b.- Zona Franca de Punta Arenas (Parenazón)

a.- Se define la zona franca como un recinto perfectamente deslindado próximo a un puerto o aeropuerto en donde las mercancías que ingresan a ese recinto, gozan de extraterritorialidad aduanera, vale decir que se presumen que todas ellas se encuentran en el extranjero para los efectos impositivos y aduaneros. En estos lugares las mercancías pueden ser depositadas, transformadas, terminadas o comercializadas sin restricción alguna.

Podrán introducirse a las zonas francas toda clase de mercancías, estén o no comprendidas en la lista de importación prohibida, con excepción de armas o sus partes y municiones y otras especies que atenten contra la moral, las buenas costumbres, la salud, la sanidad vegetal o animal, o la seguridad nacional.

Las mercancías que ingresen a las zonas francas podrán ser objeto de los actos, contratos y operaciones que se enuncian sólo a título ejemplar:

- Depositadas por cuenta propia o ajena

- Exhibidas

- Desempacadas

- Empacadas

- Envasadas

- Etiquetadas

- Divididas

- Reembaladas

- Comercializadas

Sólo en las zonas francas podrán realizarse también otros procesos tales como: armaduría, ensamblado, montaje, terminado, integración, manufacturación o transformación industrial.

Las Zonas Francas son administradas por una Sociedad Administradora y las personas naturales o jurídicas que contratan con ella pueden ser usuarios o concesionarios.

Los usuarios: Son aquellas personas que contratan con la Sociedad Administradora el derecho a disponer de un galpón dentro del recinto y además de un módulo de exhibición y ventas.

Los usuario son los únicos que pueden vender al por mayor y al detalle.

Los Concesionarios: Son aquellas personas naturales o jurídicas que contratan con la Sociedad Administradora el arriendo de un espacio dentro del denominado Almacén Público, por ello, deben pagar un arriendo en dólares.

Los Concesionarios solamente pueden vender al por mayor y no al detalle, además que no tienen galpón ni módulo de exhibición.

Ingreso de las mercancías a Zona Franca

Para ingresar las mercancías a la Zona Franca, no se requiere de los servicios de un despachador de aduanas, solamente el interesado deberá tramitar una solicitud de ingreso a Zona Franca conocida como **Z.**

De la Salida de Zona Franca a Zona Franca de Extensión

Para sacar mercancías de Zona Franca a Zona Franca de Extensión, se utiliza un documento denominado Solicitud de Salida a Zona de Extensión denominado ZE.

Zona Franca de Extensión: Es el territorio que va más allá de la Zona Franca.

TERRITORIO GEOGRAFICO Y TERRITORIO ADUANERO

Todas las Aduanas se encuentran ubicadas en el territorio geográfico, en lo que se llama territorio aduanero. No importando si se encuentran ubicadas en zonas de régimen general o en zonas de régimen especial, todas las aduanas tienen además dos zonas.

a.- Zona Primaria

b.- Zona Secundaria.

Zona Primaria: Es el espacio de mar, tierra o aire en donde se realizan todas las operaciones materiales, marítimas, aéreas o terrestres de carga y descarga de mercancías y que para los efectos de su jurisdicción es recinto aduanero. Al Director Nacional de Aduanas, le corresponde fijar los límites y modificarlos respecto de la Zona Primaria.

Zona Secundaria: Es el territorio jurisdiccional que tiene cada aduana.

Recinto de Depósito Aduanero: Es el recinto habilitado por la ley o por el servicio de aduana para el almacenamiento de las mercancías.

Todo vehículo que ingrese al país procedente desde el extranjero podrá ser revisado por el Administrador de Aduanas o por el funcionario que este designe y, en todo caso, será recibido legalmente por la aduana a su llegada al primer puerto.

Cuando la Aduana disponga revisar una nave a su recalada en un puerto, la autoridad marítima no la dejará en "libre plática", aun cuando haya sido recibida por ella y por la autoridad sanitaria.

En tanto no se haya dado libre plática, ninguna persona, salvo las autorizadas por la ley o por el Administrador de Aduana, podrá subir ni bajar si no se ha otorgado el permiso para desembarcar pasajeros y carga.

El Administrador de Aduanas podrá ordenar el cierre y el sello de los departamentos, bodegas o dependencias del vehículo, en los que se suponga que haya mercancía extranjera, susceptible de venderse al público en el puerto o desembarcarse clandestinamente.

Toda mercancía introducida al territorio nacional deberá ser presentada a la aduana.

De acuerdo con las leyes de nuestro país, todo vehículo al momento de su llegada o salida del territorio deberá presentar, a través de conductor o de su representante, a la aduana correspondiente de ingreso o salida, de los siguientes documentos:

1.- En el primer puerto de Recalada.-
- Manifiesto de Carga General
- Lista de Pasajeros y Tripulantes
- Guía de Correos
- Lista de Provisiones y Rancho

El Manifiesto de Carga General: Es el documento suscrito por el conductor o por los representantes de la empresa de transportes, que contiene la relación completa de los bultos de cualquier clase a bordo del vehículo con exclusión de los efectos postales y de los efectos de los tripulantes y pasajeros.

Este documento se deberá presentar en el primer puerto en que haga recalada la nave, por el conductor o representante de la compañía, dentro de las 24 horas de llegada la nave. Este documentos se presenta ante la aduana y en base a su presentación, la Aduana se da por recibida de la nave.

En el Manifiesto de Carga General se anotará la relación de bultos y demás carga, venga o no venga destinada a puertos chilenos.

Conjuntamente con el Manifiesto de Carga general, se deberán acompañar también los siguientes documentos:

Lista de Provisiones y Rancho:

Al respecto el concepto de provisiones y rancho se encuentra referido a las mercancías destinadas al consumo de pasajeros y tripulantes o al servicio de la nave.

Guía de Correos:

Lista de los efectos postales entregados o recibidos por el Servicio de Correo, Cartas, encomiendas, efectos postales, etc.

Lista de Pasajeros y Tripulantes:

Nómina de los pasajeros que transporta la nave vengan con destino al país o no., así como también la relación de tripulantes que tripulan la nave.

En el puerto o puertos nacionales en que haga recalada deberá presentar:

Manifiesto de Carga Particular: Conteniendo la relación de las mercancías consignadas hacia o desde dicho lugar.

Lista de Pasajeros y Tripulantes: Que hayan de desembarcar, embarcar o permanecer en tránsito en dichos lugares.

Guía de Correos: Con los efectos postales que hayan de ser entregados o recibidos por el servicio de correos.

NOTA. Las naves que solamente viajen entre puerto de la República, sin tocar puertos extranjeros, deben entregar en cada puerto el manifiesto particular de la carga extranjera que transportan.

NOTA: Las autoridades correspondientes podrán tomar las medidas necesarias, incluso el pedido de nueva información, en los casos de sospecha de fraude o contrabando o cuando se trate de problemas especiales que constituyan peligro para el orden, la seguridad, la salud pública o la protección fitosanitaria. Por ejemplo, la autoridad aduanera efectuar visitas de "fondeo" o la autoridad sanitaria decretar la "cuarentena".

El Equipaje:

Se deberá entender por equipaje, exento del pago de derecho de aduana a:

Los artículos de viaje, prendas de vestir, artículos eléctricos de tocador y artículos de uso personal o de adorno gastados o usados y que sean apropiados al uso y necesidades ordinarias de la persona que los importe o exporte y no para su venta.

También se consideran como equipaje:

Los objetos de uso exclusivos para el ejercicio de profesiones u oficios, usados.

Hasta una cantidad que no exceda, por persona adulta, de 400 unidades de cigarrillos; 500 gramos de tabaco de pipa; 50 unidades de puros y 2.500 centímetros cúbicos de bebidas alcohólicas (2,5 Litros).

Se Excluyen del concepto de equipaje:

El mobiliario de casa de todo orden, servicio de mesa, mantelería, lencería, cuadros, instrumentos musicales, aparatos o piezas de radiotelegrafía o telefonía, instrumentos o aparatos para reproducir la voz, la música y la visión, las instalaciones de oficinas, repuestos y artefactos eléctricos y, en general, todo aquello que pueda reputarse como mercancías susceptibles de vender, como piezas enteras, de cualquier tejido u otros artículos..

En relación con el ingreso o salida de mercancías se pueden cometer dos tipos de delitos aduaneros **Fraude y/o Contrabando,** el resto lo constituyen infracciones reglamentarias.

El Contrabando es la acción de introducir o sacar mercancías por puntos no habilitados por la aduana para el paso de mercancías o de personas.

Fraude: Es la acción de pasar mercancías por punto habilitados pero con el ánimo de defraudar los intereses fiscales.

Las mercancías que se encuentren en los recintos de depósito aduanero podrás ser objeto de una destinación aduanera. Al respecto definiremos la **destinación aduanera** como

La manifestación de voluntad que hace el dueño, consignante o consignatario de las mercancías que señala el régimen aduanero que debe darse a las mercancías que ingresan o salen del territorio nacional.

Toda destinación aduanera se formaliza a través de un documento denominado declaración, el que indicará la modalidad de la destinación de que se trate.

Son destinaciones aduaneras entre otras las siguientes:

Importación
Exportación
Tránsito
Trasbordo
Reexportación
Reimportación
Almacén Particular

Salida Temporal
Admisión temporal
Redestinación, etc.

NOTA: El cabotaje no constituye una destinación aduanera se define además como el transporte por mar de mercancías nacionales o nacionalizadas o la simple navegación entre dos puntos de la costa del país, aunque sea por fuera de sus aguas territoriales pero sin tocar puerto extranjero.

Declaración: Es el documento aduanero a través del cual se formalizan las declaraciones, por ejemplo Declaración de Ingreso-.

EL DESPACHO DE LAS MERCANCIAS.-

El despacho de las mercancías, esto es, las gestiones, trámites y demás operaciones que se efectúan ante la Aduana en relación con las destinaciones aduaneras, salvo las excepciones y limitaciones legales, sólo podrán efectuarse por las siguientes personas:

1. Por los dueños, portadores, remitentes o destinatarios, según corresponda cuando en la Aduana respectiva haya menos de **dos Agentes de Aduanas en ejercicio , o se trate de :**

a.- Equipajes y mercancías de viajeros, tripulantes o arrieros;

b.- Encomiendas internacionales u otras piezas postales o

c.- Mercancías de despacho especial o sin carácter comercial, de acuerdo con las normas y modalidades que dicte el Director Nacional de Aduanas.

2.- Por el Fisco y demás órganos de la Administración del estado a quienes se conceda licencia de consignante o consignatario.

3.- Por los Agentes de Aduana, quienes pueden intervenir sólo por cuenta ajena en toda clase de despachos, incluso los mencionados en los números precedentes.

NOTA: No se requerirá intervención de despachador en las gestiones, trámites y demás operaciones que se efectúen con ocasión del ingreso o salida de mercancías desde o hacia las zonas o depósitos francos, incluyendo su importación a las zonas francas de extensión.

NOTA: Entenderemos por Despachadores de Aduana a los Agentes de Aduana y a los consignante y consignatarios con licencia para despachar.

El Agente de Aduanas

Se define como un profesional auxiliar de la función pública aduanera, cuya licencia lo habilita ante la aduana para prestar servicios a terceros como gestor en el despacho de mercancías.

Los despachadores de Aduana, tendrán el carácter de ministros de fe en cuanto a que la aduana podrá tener por cierto que los datos que registren en las declaraciones que formulen en los documentos de despacho pertinentes, incluso si se trata de una liquidación de gravámenes aduaneros, guardan conformidad con los antecedentes que legalmente les deben servir de base.

Si los documentos de despacho no permitiesen efectuar una declaración segura y clara, el despachador deberá subsanarlo y registrar el dato correcto mediante el **reconocimiento físico de las mercancías** o, si, es procedente por declaración jurada del comitente en cuyo caso el testimonio expreso del despachador en tal sentido podrá tener valor probatorio que se ha indicado en el inciso anterior.

El Agente podrá prestar sus servicios ante cualquier aduana del país.

Requisitos para ser Designado Agente de Aduanas:

- Ser chileno
- Persona natural
- Tener capacidad de contratar
- No haber sido condenado ni encontrarse procesado por la comisión de delito que merezca pena aflictiva.
- No encontrarse inhabilitado para cargos u oficios públicos, ni haberle sido impuesta la medida disciplinaria de multa con máximo de 25 UTM
- No haber sido sancionado con destitución
- Haber aprobado estudios vinculados al comercio exterior, en establecimientos educacionales reconocidos por el estado, Los cursos deberán tener una duración mínima de 5 semestres.
- Haber sido aprobado en un concurso de antecedentes y conocimientos en materia aduanera.

El nombramiento se hace a través de una resolución del Director Nacional.

Los Despachadores de aduana podrán formar sociedades ya sea con otros agentes de aduanas o con personas naturales formando sociedades colectivas y de responsabilidad limitada.

La razón social deberá empezar con la expresión "Agencia de Aduanas, seguida únicamente por el nombre del despachador y las expresiones legales Ltda, etc.

El capital social no podrá ser inferior a 5000 unidades de fomento.

El agente de aduana no podrá ser excluido de la administración

El Capital o aporte del agente no podrá ser inferior al 51%

Los socios siempre deberán aportar su trabajo personal.

El plazo de la sociedad no podrá exceder de 5 años.

La sociedad es solidariamente responsable ante la aduana.

Los agentes de aduanas podrán ser sancionados de las siguientes formas:

- Amonestación verbal
- Amonestación escrita, dejando constancia en el respectivo registro
- Mula, con máximo de 25 unidades Tributarias Mensuales
- Suspensión del ejercicio de la función y
- Cancelación de la licencia, nombramiento o permiso.

LAS ADUANAS

Organizacionalmente las Aduanas se encuentran estructuradas de la siguiente manera:

Dirección Nacional de Aduanas. A Cargo del Director Nacional de Aduanas que es una persona nombrada por el Presidente de la Republica y es de su exclusiva confianza.

Las Direcciones Regionales de Aduanas: Que se encuentran ubicadas en las cabeceras o capital de Región a carga de un Director Regional de Aduanas.

Las Administraciones de Aduanas que se encuentran en ciudades que no son capitales de regiones a cargo de un Administrador de Aduanas.

Las Avanzadas Aduaneras: que son prolongaciones de las aduanas y se ubican generalmente en los pasos fronterizos, por ejemplo Los Libertadores dependientes de la administración de la aduana de Los Andes y están a cargo de un Jefe de Avanzada..

Nota: Existen algunas Direcciones Regionales que no estando en Capitales de Región, se denominan regionales, por ejemplo Talcahuano y Coquimbo.

Nota: el caso de Valparaíso es un caso especial, pues en dicha ciudad se encuentra la Dirección Nacional de Aduanas y a la vez es Dirección Regional de Aduanas.

III PARTE
EL PROCESO DE IMPORTACION

El proceso de importación se inicia cuando al importador le comunican que las mercancías ya vienen en camino o bien ya se encuentran depositadas en el recinto de depósito aduanero. La comunicación podrá canalizarse a través del banco comercial o bien directamente por parte de la compañía transportadora, no obstante que también el exportador extranjero pueda comunicarle que las mercancías fueron embarcadas por la vía acordada previamente entre ambos intervinientes.

Es necesario también considerar si el trámite lo realizará en forma anticipada o bien en forma normal es decir cuando ya las mercancías se encuentren depositadas en el recinto de depósito aduanero.

En relación con lo anterior es conveniente aclarar que se entiende por ambos trámites:

El Trámite anticipado es el que se realiza cuando el importador dispone de los documentos de embarque, pero las mercancías aún no han llegado al puerto de destino.

El Trámite normal en cambio es el que se realiza cuando el importador dispone de la documentación de embarque que le permitirá desaduanar y al mismo tiempo ya las mercancías han llegado y éstas se encuentran depositadas en el recinto de depósito aduanero.

Por lo general se realiza el trámite anticipado cuando se trata de mercancías que se requieren en forma urgente, cuando las mercancías revisten una cierta peligrosidad, cuando son mercancías de gran valor que pudiesen extraviarse u otras, lo que significa que al realizar el trámite anticipado, el importador tramita la declaración de ingreso sin saber si las mercancías llegarán en su totalidad, cancelando los derechos impuestos y demás gravámenes que les pudiesen afectar y por lo tanto trasladándolas directamente desde el medio de transporte a medio que transportará las mercancías a las bodegas del importador.

En todo caso esta es una decisión que debe tomar el importador analizando todos los pros y contras que pudiese acarrearle al solicitar el trámite.

Búsqueda del Agente o Despachador de Aduanas.

Cuando es la primera vez que un importador realiza una importación, tendrá entonces que contratar los servicios de un Agente o Despachador de Aduanas, salvo en los casos en que no se requiera contar con los servicios de este profesional y que ya se explicaron en páginas anteriores.

Un despachador de Aduanas o Agente de Aduanas es un profesional auxiliar de la función pública aduanera cuya licencia lo acredita para actuar en el despacho de mercancía por cuenta de terceras personas.

De acuerdo con lo anterior, cuando el importador ya dispone del aviso de la llegada de la documentación de embarque y de las mercancías, deberá proceder a buscar y posteriormente contratar los servicios de este profesional. Al respecto podemos orientar al importador en el sentido de que puede contactar a estos profesionales de la siguiente manera:

1.- Contactando la página http: //www.aduana.cl, y cliquear en despachadores de aduanas. Allí se abrirá la página mostrando a todos los despachadores de aduana, con su dirección, Rut, teléfono, etc., a lo largo de todo el territorio nacional.

2.- Buscando en las páginas amarillas de la guía telefónica en la parte correspondiente a Agencias de Aduanas.

3.- Por contactos personales con otros importadores que pueden recomendar a este profesional.

Una vez ubicado el despachador de aduanas, el importador deberá tranzar los honorarios por los servicios prestados por el trámite que realizará ante el Servicio Nacional de Aduanas.

Entrega de la Documentación de Embarque

El importador deberá entregar al despachador de aduanas, la documentación de embarque que obra en su poder y que le llegó desde el exterior. Estos documentos entre otros son los siguientes y deberán ser entregados al despachador en sus originales:

- Factura Comercial
- Contrato de Transporte (Conocimiento de Embarque, Carta de Porte o Guía Aérea, dependiendo del medio por el cual llego la mercancía).
- Póliza de Seguro (en caso de haber contratado un seguro)
- Nota de Gastos (en caso de haber pactado en Incoterm Ex Work o Fas)
- Packing List
- Certificado de Origen (en caso de importar al amparo de un Tratado de Libre Comercio, un Acuerdo de Complementación Económica o bien un Acuerdo de Alcance Parcial).
- Certificaciones (cuando por la naturaleza de la mercadería fuese necesario, por ejemplo Servicio de Salud, Sag, etc.)

El Endoso del Contrato de Transporte.

Al momento de hacer entrega de la documentación de embarque al despachador de aduanas, este le solicitará un poder para que pueda representarlo en el trámite ante el servicio de aduanas. Este poder o mandato (en el caso de las importaciones), se otorga en el contrato de transporte llámese Conocimiento de embarque, Guía Aérea o Carta de Porte.

Existen dos tipos de Poder o mandato que se le otorga al despachador de aduanas en el contrato de transporte a través del endoso.

a.-**Endoso Amplio**

b.- **Endoso Restringido**

a.- El Endoso Amplio es aquel que se le otorga al despachador de aduanas al dorso del contrato de transporte y le permite:

1.-Representar al importador en el trámite ante la aduana.

2.- Cancelar a nombre del importador los derechos, impuestos, tasas y otros gravámenes.

3.- Solicitar (cuando proceda) la devolución de derechos pagados de más.

Nota: El endoso amplio debiera otorgarse de la siguiente manera:

"Endosado al agente de aduanas fulano de tal"

b.- Endoso Restringido es aquel que se otorga al despachador de aduanas al dorso del contrato de transporte y solamente le permite:

1.- Efectuar el trámite ante el Servicio de Aduanas y nada más.

Nota: En endoso restringido debiera otorgarse de la siguiente manera:

"Endosado al agente de aduanas fulano de tal para el solo efecto del desaduanamiento"

Cuando el importado le ha otorgado el poder o mandato al despachado de aduanas, entonces el despachador de aduanas le hará firmar un documento denominado Declaración Jurada del valor y sus Elementos.

La Declaración Jurada del valor y de sus Elementos

Es un documento de carácter aduanero que es proporcionada por el agente o despachador de aduanas y que debe ser firmada por el importador.

Este documento tiene por objetivo determinar la relación que existe entre el comprador y el vendedor extranjero a objeto de evitar distorsiones en el precio de las mercaderías que incidan en el valor aduanero de las mismas y que por ende se proceda a valorar las mercancías en forma anómala.

En el presente documento que como se expresó es firmado por el importador, este debe declarar la relación que pudiese tener con el proveedor extranjero, por ejemplo si es representante exclusivo, si actúa como filial, sucursal, etc., si el precio que le otorgan a él es el mismo que le otorgarían a una persona que no tiene ninguna relación con el vendedor, o si no tiene ninguna relación comercial con el vendedor.

En este documento el importador deberá establecer fundamentalmente los elementos del valor aduanero, es decir, la vinculación, restricciones, condiciones, si las comisiones se encuentran incluidas o no en el precio, si la operación genera o no comisiones, corretajes, descuentos, derechos de licencia, servicios suministrados al comprador, etc.

También se deberá señalar en el documento declaración jurada del valor y sus elementos, el método de valoración empleado en la valoración de las mercancías, como por ejemplo; de transacción, de mercaderías idénticas, mercancías similares, etc., y el número de valoración empleado según el acuerdo del Valor del Gatt.

En los casos en que regularmente se realicen transacciones de igual producto entre el mismo proveedor e importador, se podrá aceptar una sola Declaración Jurada del Precio, con tal que los elementos de hecho permanezcan iguales, salvo los montos monetarios involucrados. En estos casos, en las declaraciones aduaneras futuras, se podrá tener por respaldo la Declaración Jurada del Precio utilizada en otro despacho previamente aprobada y aceptada por el Servicio de Aduanas. En el caso de importaciones por parcialidades, la" Declaración Jurada del Valor" deberá adjuntarse a la carpeta del despacho inicial, debiéndose acompañar fotocopia de la misma a los **despachos sucesivos.**

No se exigirá la" Declaración Jurada del Valor y de sus Elementos", en los casos siguientes:

- Importaciones de mercancías, sin carácter comercial, de viajeros y las que se realicen mediante Declaración de Importación de Pago Simultáneo (Ver Cap. III numeral 6. del presente Compendio).

- Importaciones de mercancías, nuevas o usadas, cuyo valor de transacción sea igual o inferior a US $ 5.000 FOB.

Registro de Reconocimiento Reembalaje y División de bultos

Hay ciertas situaciones en donde el interesado o bien el Despachador de aduanas puede tener dudas en relación con las mercancías que se están importando, dudas en cuanto a la clasificación adecuada de las mercancías en una determinada partida arancelaria o bien a las características de las mismas. Así entonces, la aduana permite al despachador de aduanas que antes de presentar la declaración de ingreso a trámite, pueda practicar un reconocimiento previo de las mercancías, hecho que evita que por una mala clasificación o descripción de las mismas se puedan cometer errores que impliquen una multa para el declarante.

El reconocimiento podrá ser practicado por los interesados o por el despachador. Los interesados podrán practicar el reconocimiento sólo en aquellos casos en que la ley expresamente establezca que no se requiere intervención de despachador. En los demás casos, éste deberá ser practicado por despachador

Para efectuar el reconocimiento, se deberá presentar a la Aduana el documento denominado "Registro de Reconocimiento o una solicitud simple, según corresponda, el que una vez fechado, numerado y timbrado por la Aduana, habilita al interesado para requerir del encargado del recinto de depósito aduanero el acceso al lugar donde será practicado.

Durante el reconocimiento el interesado podrá obtener muestras tendientes a completar el examen de las mercancías, limitándose la extracción a las cantidades estrictamente necesarias.

De las extracciones deberá dejarse constancia en el registro o en la solicitud. El valor de las mercancías extraídas no podrá ser deducido al confeccionar la declaración.

Nota: El practicar un reconocimiento de las mercancías, no es obligatorio, sin embargo en caso de dudas, es recomendable hacerlo ya que con ello se asegura el no equivocarse por una parte y por la otra el evitar multas por parte de la aduana.

Confección y Trámite de la Declaración de Importación (Ingreso)

El Despachador de aduanas con la documentación en su poder y que le ha sido entregada por el importador, procederá entonces a confeccionar la documentación aduanera para proceder al desaduanamiento de las mercancías que se encuentran depositadas en el recinto de depósito aduanera (en caso de trámite normal) o bien a confeccionar igualmente la declaración de ingreso cuando se dispone de la documentación de embarque, pero las mercancías no han llegado (trámite anticipado). En todo caso el tipo de trámite a realizar, dependerá fundamentalmente de los requerimientos del importador.

En el proceso de confección de la Declaración de Ingreso el despachador de aduanas considerará en primer lugar la documentación de embarque entregada por el importador para traspasar la información contenida en esa documentación al documento aduanero (declaración de ingreso), es decir, datos como país de origen, mercancías, cantidad, puerto de embarque, puerto de desembarque, etc., y cada dato con su respectivo código. En segundo lugar deberá describir las mercancías y clasificarlas en una determinada partida o código arancelario a nivel de 8 dígitos separados de cuatro en cuatro (0000.0000) para luego proceder a evaluarla, es decir aplicar los derechos, impuestos, tasas y demás gravámenes que pudiesen afectar a las mercancías que se están importando. Esto se llama liquidar los derechos de aduana.

En relación con la última parte, podemos decir que las mercancías se pueden ver afectas a derechos de aduana, como también a impuestos, tasas y otros gravámenes, aún y cuando la mercancías pudiese importarse al amparo de un Tratado de Libre Comercio (TLC), a un Acuerdo de Complementación Económica (ACE), a un Acuerdo de Alcance Parcial (AAP) o bien ingresar por la sección 0 del arancel aduanero, que les permitiría el no pagar derechos de aduana o bien pagar derechos rebajados, pero no, el eximirse del pago del Impuesto al Valor Agregado (IVA).

Los Derechos de Aduana

Los derechos de aduana son aquellos que afectan a las mercancías que se importan al país bajo régimen general.
Los derechos pueden ser;
1.-Ad-Valorem
2.-Específicos

1.- Los derechos Ad-Valorem son los derechos que gravan a las mercancías de acuerdo con su valor CIF o valor aduanero de las mismas.

La tendencia actual es gravar las mercancías solamente con derechos ad- valorem. En todo caso nuestro arancel aduanero contempla la mayoría de las mercancías gravadas con derechos ad valorem y en forma excepcional con derechos específicos.

2.- Los derechos específicos son aquellos que gravan las mercancías de acuerdo con su peso, volumen o naturaleza. Entre algunos productos que se encuentran gravados con derechos específicos, el más conocido es el impuesto específico a los combustibles.

Otros Impuestos y Tasas

Las mercancías extranjeras pueden además verse afectas con otros impuestos y tasas. Como por ejemplo:

1.- El Impuesto al Valor Agregado IVA
2.- Impuestos Adicionales.
3.- Etc.

En todo caso para su cálculo será necesario determinar su base imponible.

Presentación de la Declaración de Ingreso a Trámite

Cuando el despachador de aduanas ha confeccionado totalmente la declaración de ingreso y al mismo tiempo la ha firmado en base a una firma magnética ya reconocida por la aduana, procederá entonces a remitirla al servicio de aduanas vía electrónica, llegando el documento a la aduana en donde se procederá a revisar y a practicar el aforo(revisión física de las mercancías) o bien a practicar un aforo documental y si está conforme a legalizar la documentación y devolverla al despachador de aduanas, quien dispondrá de un plazo de 15 días para proceder a cancelar los derechos ya sea en la

Tesorería General de la República o bien ante un banco comercial autorizado para recibir pago por concepto de derechos de aduanas.

Una vez cancelados los derechos, el despachador podrá entonces retirar las mercancías del recinto de depósito aduanero y entregarla al importador, dando entonces por finalizado el trámite y las mercancías quedarán a la libre disposición del importador.

EQUIPAJE DE VIAJEROS

¿Qué se entiende por equipaje?

Requisitos que deben cumplir los artículos considerados como equipaje

Se comprenderá en el concepto de equipaje:

a) Los artículos, nuevos o usados, que porte un(a) viajero(a) para su uso personal o para obsequios, con exclusión de mercancías que por su cantidad o valor hagan presumir su comercialización.

b) Los objetos de uso exclusivo para el ejercicio de profesiones u oficios, usados.

c) Hasta una cantidad que no exceda, por persona adulta, de 400 unidades de cigarrillos; 500 gramos de tabaco de pipa; 50 unidades de puros y 2.500 centímetros cúbicos de bebidas alcohólicas.

d) Una cámara de video portátil, y sus accesorios.

e) Teléfono móvil, tipo celular, u otros.

f) Una cámara fotográfica portátil, tipo digital u otro, y sus accesorios.

g) Un aparato portátil para la grabación o reproducción del sonido, imagen o mixto, conocidos comúnmente como MP3, MP4 o similares, junto a su respectivo juego de audífonos portátiles y sus accesorios.

h) Un reproductor de sonido digital portátil o reproductor portátil de discos compactos (CD) y/o DVD s o similares, junto a su respectivo juego de audífonos portátiles y sus accesorios.

i) Un computador portátil de uso personal.

j) Artículos deportivos de uso personal.

k) Medicamentos, en cantidades conforme a la respectiva receta médica, siempre que sean para su uso personal o de familiares directos. En el caso de medicamentos de libre expendio, deberán venir en cantidades necesarias sólo para uso personal del viajero.

l) Obsequios hasta un monto de US$ 300 FOB, o su equivalente en otras monedas, por cada viajero mayor de 14 años. Esta franquicia es individual y no acumulable con la de otros viajeros.

m) Libros y folletos que se editen en rústica y en encuadernación común, así como los diarios, impresos, revistas y composiciones musicales, siempre que no se trate de ediciones de lujo.

n) Prismáticos o binoculares de uso personal.

o) Todos aquellos artículos de uso personal nuevos o usados, no enunciados precedentemente y que sean necesarios para el viaje.

Requisitos que deben cumplir los artículos considerados como equipaje

1.- Deben ser portados por residentes y no residentes, que tengan la calidad de pasajeros, con exclusión de aquellas mercancías que por su cantidad o valores hagan presumir su comercialización.

2.- No deben tener carácter comercial, entendiéndose que lo tienen cuando se traen en cantidades que excedan el uso y necesidades ordinarias del viajero.

3.- Debe ingresar conjuntamente con el (la) viajero(a). Este tendrá igual tratamiento, cuando su ingreso se produzca dentro del plazo de 120 días, con anterioridad o posterioridad al del beneficiario y siempre que venga consignado a su nombre en el manifiesto y/o documento de transporte correspondiente. Los Directores Regionales o Administradores de Aduana podrán, en casos calificados y por una sola vez, prorrogar este plazo.

Viajeros que salen del País

Al momento de realizar un viaje, debe cumplir los controles respectivos de aeropuertos, puertos y aduanas terrestres, además de la revisión de mercancías sujetas a visto bueno de otros servicios fiscalizadores, como en el caso de alimentos vegetales y animales, productos químicos, etc., y los propios de las Aduanas y de Policía Internacional (Migración).

Si decide salir de Chile como turista, usted puede portar cualquier elemento que sea considerado como equipaje en el país al que decida ingresar. En el caso de que quiera residir en el extranjero por un tiempo indeterminado, debe declarar sus pertenencias, sólo en el caso de un eventual regreso.

Dentro de los artículos considerados como equipaje, los videos grabadores, prismáticos, notebooks, reproductores de CD, mp3, mp4, personal stéreo, celulares y elementos propios de ciertas profesiones que porte o reingrese al país, deberán ser usados e identificables en los documentos aduaneros de salida temporal.

Como viajero(a) usted podrá transportar artículos de carácter comercial, teniendo éstos que ceñirse a las normas habituales de exportación de mercancías. Ocurriendo lo mismo en el caso si se radicara en el extranjero y como consecuencia del viaje deba sacar un equipaje no acompañado. En el caso que decida realizar algún tipo de exportación de mercancías, éstas no están sujetas a derechos o impuesto.

Su equipaje de turista, será declarado en Aduanas sólo si correspondiera a mercancías distintas a las de su uso personal para los efectos de su control al regreso.

RETORNO AL EXTERIOR

Al retornar a su país, debe cumplir con las normas generales de exportación de mercancías, teniendo el derecho de exportar cualquier mercancía que no se encuentre bajo la clasificación de prohibida, como es el caso de drogas o material pornográfico que atente contra la moral y las buenas costumbres, entre otros.

En Chile, no existen derechos o impuestos a la exportación, pero las mercancías deben someterse a ciertos controles de otros organismos fiscalizadores, relacionados con alimentos, medicamentos, productos químicos, etc., los cuales pueden efectuarse en forma previa a la exportación o en el momento de los controles de salida de las mercancías en las diferentes aduanas del país.

La Aduana de salida será la encargada de controlar que las mercancías que fueron declaradas originalmente coincidan con las que usted porta al retirarse del servicio. En tanto, si usted ingresa temporalmente mercancías sujetas a franquicias en Chile, deberá cancelar el documento de ingreso que corresponde al Título de Admisión Temporal de Mercancías para Turistas.

DECLARACIÓN DE SALIDA DE RECURSOS

Como una medida preventiva para evitar el lavado de dinero, en caso que usted decida salir del país portando una suma superior a los 10.000 dólares en efectivo o documentos nominativos al portador, deberá realizar una declaración de salida de recursos (Descargar Declaración). En caso de no cumplir con esta orden, se arriesga a una multa del 30% del dinero no declarado.

VEHÍCULOS - CONVENIO CHILENO-ARGENTINO

Para el caso de los viajeros(as) que quieran salir del país en su vehículo particular, el Servicio Nacional de Aduanas ha implementado un formulario de salida y entrada temporal de vehículos particulares y equipaje acompañado desde y hacia la República de Argentina. Por lo tanto, si usted desea viajar hacia o desde la República de Argentina en su vehículo particular, podrá imprimir e ingresar los datos requeridos en cualquiera de las opciones aquí indicadas, de tal manera se ahorrar tiempo en los trámites al momento de cruzar la frontera.

INGRESO Y SALIDA DE MASCOTAS DEL PAIS

Para internar a Chile animales en calidad de mascotas, sus dueños/as deben solicitar autorización al SAG y procurar que los animales cumplan con los requisitos sanitarios exigidos.

SOLICITUD DE INGRESO Y SALIDA DE PERROS Y GATOS AL PAIS

Requisitos

• El animal no debe presentar signos de enfermedades transmisibles al momento del embarque.

• El animal debe haber sido sometido a un examen clínico, con una antelación máxima de 10 días previos al embarque (15 días si el origen es Estados Unidos), en el cual se le ha reconocido estar libre de enfermedades transmisibles.

• El animal debe haber sido vacunado contra la rabia entre 1 y 12 meses que precedieron al embarque (excepto si procede de un país declarado oficialmente libre de la enfermedad).

• No se exigirá la vacunación antirrábica, si el país de procedencia está declarado oficialmente libre de rabia. En este caso se exigirá que se certifique esta condición.

• El animal debe haber sido sometido a un tratamiento antiparasitario externo e interno.

Documentos

• Certificado sanitario oficial en original, otorgado por la Autoridad sanitaria competente del país de origen, que acredite el cumplimiento de las exigencias sanitarias de internación.

• El certificado sanitario oficial, para dar cumplimiento a los requisitos de internación no puede ser emitido con anterioridad al examen clínico de la mascota y tendrá una vigencia de 20 días calendario una vez emitido.

SOLICITUD DE AUTORIZACION PARA INTERNAR AVES MASCOTAS

Las aves mascotas son aquellas transportadas y cuidadas por sus propios dueños, su uso es exclusivo como aves de compañía en cautiverio y sin fines de reproducción y/o comercialización.

La internación de aves mascotas o de compañía es autorizada por el SAG siempre que se dé cumplimiento a las exigencias sanitarias generales y específicas impuestas por Chile.

A quién está dirigido

A personas que deseen ingresar a Chile con aves de compañía como mascotas. Un propietario puede ingresar sólo un ejemplar y, ante casos debidamente justificados, el SAG podrá autorizar un número mayor. La solicitud puede ser efectuada por el propietario o un representante debidamente autorizado; los antecedentes se deben enviar a propec@sag.gob.cl.

Requisitos:

1) Origen de las aves:

• El país o zona de procedencia debe poseer un programa de vigilancia permanente para influenza aviar de notificación obligatoria, enfermedad de Newcastle y otras enfermedades infectocontagiosas de importancia en aves.

• Ausencia de casos de influenza aviar y de otras enfermedades infectocontagiosas de importancia en aves, en los últimos 30 días como mínimo, dentro de un radio de 10 km del plantel o domicilio de procedencia.

• Proceden de un plantel o domicilio que no está sujeto a restricciones sanitarias por programas de control o erradicación de enfermedades de aves.

• Han permanecido con su dueño desde su nacimiento o, a lo menos, 90 días previos a su embarque con destino a Chile, en un domicilio conocido (en el lugar residencia del propietario), o en un plantel autorizado por el servicio veterinario oficial (SVO) del país de origen, donde ha cumplido su período de aislamiento.

2) Las aves:

• No han estado en contacto con otras aves, por lo menos, 90 días previos al embarque.

• Deben estar anilladas o identificadas con microchips u otro sistema que permita su identificación individual.

• No han sido inmunizadas con algún tipo de vacuna para influenza aviar.

• Deben contar con el certificado CITES, si corresponde.

• El propietario, o un representante debidamente autorizado, debe acompañar personalmente al ave mascota desde su país de origen hasta su internación a Chile.

3) Cuarentena de pre-embarque

Las aves deben haber sido aisladas los últimos 30 días previos a su embarque y examinadas por médicos veterinarios del SVO del país de origen o por médicos veterinarios privados debidamente autorizados por dicho SVO. El examen físico debe demostrar la ausencia de signos clínicos evidentes de enfermedades infectocontagiosas.

Durante dicho período se deben realizar pruebas diagnósticas y analizarlas en un laboratorio oficial; los resultados deben ser negativos. Las aves deben recibir tratamiento para ornitosis y parasitismo interno y externo.

4) Transporte:

• Al momento del embarque las aves no deben presentar signos clínicos de enfermedades transmisibles.

• El transporte desde el domicilio de procedencia hasta su embarque hacia Chile se debe realizar bajo control oficial de la autoridad sanitaria competente, quien debe asegurar que:

o no entraron en contacto con otras aves;

o el transporte se realizó en jaulas u otros contenedores sellados de primer uso y destinados para tales fines, debidamente lavados y desinfectados con productos de reconocida eficacia;

o el transporte se realizó en vehículos o compartimientos que aseguren la mantención de las condiciones higiénico sanitarias y de bienestar animal.

5) Certificación

• Las aves deben estar amparadas por un certificado sanitario oficial otorgado, al momento del embarque, por la autoridad sanitaria competente del país de procedencia, que debe acreditar el cumplimiento de las exigencias sanitarias, estipular el país y establecimiento de procedencia, identificar al ave, propietario y medio de transporte.

• También deben adjuntarse los protocolos de las pruebas diagnósticas realizadas previas al embarque, en un laboratorio oficial o debidamente acreditado por la autoridad sanitaria.

• Las especies incluidas en la Convención CITES deben estar acompañadas del certificado correspondiente.

6) Cuarentena de ingreso

Las aves que ingresen a Chile deben cumplir una cuarentena mínima de 30 días en la Estación Cuarentenaria del SAG, durante la cual serán sometidas a las pruebas diagnósticas y tratamientos que el Servicio determine.

Documentos

• Certificado sanitario oficial otorgado por la autoridad sanitaria competente del país de procedencia (páginas 4 y 5 de la Resolución N° 5.459/2007).

• Protocolos correspondientes a las pruebas diagnósticas.

• Certificado CITES para las especies listadas como protegidas por esta Convención, otorgado por la autoridad administrativa CITES del país de origen.

Costo: variable, asociado a procedimientos como:

• Trámite administrativo de internación;

• Inspección SAG;

• Período de cuarentena;

• Realización de pruebas diagnósticas.

INGRESO DE OTROS ANIMALES A CHILE

• En el caso de otros animales se debe contar con la certificación sanitaria oficial y los permisos CITES correspondientes (si la especie que está ingresando se encuentra listada en la Convención), verificando en la oficina SAG de regiones la información sobre la exigencia sanitaria en particular.

SALIDA DE MASCOTAS DEL PAIS

Para sacar de nuestro país animales en calidad de mascotas, su dueño/a debe consultar en los respectivos consulados sobre las normas de ingreso de mascotas propias del país de destino.

El SAG entrega el certificado sanitario oficial, avalando el cumplimiento de estos requisitos sanitarios, la vigencia de este documento depende del receptor. Certificación sanitaria para viajar con perros y gatos fuera de Chile

Este trámite permite obtener el certificado sanitario de exportación necesario al viajar fuera de Chile con estas mascotas.

Requisitos

Cumplir las exigencias sanitarias establecidas por el país de destino.

Qué documentos debe presentar

- Certificado de salud extendido por un médico veterinario privado.
- Certificado vacuna antirrábica
- Costo: 0,14 UTM
- Plazo de entrega: 24 horas
- Vigencia: 7 días
- Formulario: Sí
- Dónde se obtiene: Oficinas sectoriales de cada Región
- Información y presentación: Oficinas sectoriales de cada Región

Normas que lo regulan

• Leyes N° 18.755/79 Orgánica del Servicio Agrícola y Ganadero; 19.283/94 que modifica la anterior.

• Decreto Ex N° 88 de 2004. Fija tarifa.

Observaciones

• Los países de destino pueden exigir otros requisitos para autorizar el ingreso de la mascota, lo que se debe preguntar en los respectivos consulados.

• Asimismo, algunos países exigen la legalización del certificado sanitario, lo cual debe ser solicitado al Departamento de Legalizaciones del Ministerio de Relaciones Exteriores y, finalmente, presentar estos documentos al Consulado o Sección Consular del país donde van a ser utilizados, para los efectos de su autenticación.

• Certificación CITES para viajar con animales silvestres fuera de Chile

• Los permisos CITES de exportación o reexportación de las especies listadas en la Convención son entregados por las Oficinas Regionales del SAG.

LA SUBASTA O REMATE ADUANERO

1. Generalidades

Subasta Aduanera de Mercancías

Se declara de propiedad del Estado, para sólo efecto de su enajenación, toda mercancía que, en conformidad con las disposiciones de la Ordenanza de Aduanas o como resultado de actos previstos en ella debe presumirse abandonada, incurra en la pena de comiso o haya permanecido incautada en proceso de contrabando al menos un año desde la materialización de la incautación.

1.1. Las mercancías expresa o presuntivamente abandonadas, las decomisadas y las incautadas, cuando corresponda, serán enajenadas en remate público, al mejor postor en la fecha y lugar que fije el Director Nacional de Aduanas.

Para inclusión en subasta de estas mercancías no será necesario practicar notificación o aviso de ninguna clase.

1.2. Para los efectos de la subasta, las mercancías a que se refiere el número anterior deberán permanecer en los recintos de depósito fiscales o particulares donde se encuentren almacenadas hasta el momento en que fueren retiradas.

1.3. Las retenciones judiciales decretadas sobre las mercancías a que se refiere este capítulo no producirán efectos sobre ellas, sino sobre las sumas provenientes de su subasta, deducidos los gastos a que se refiere el artículo 165 de la Ordenanza de Aduanas, por lo que, su remate no dará origen a reclamaciones contra el Fisco o los adquirentes.

1.4. No obstante lo dispuesto en los numerales precedentes, en conformidad al artículo 23 de la ley N° 17.798 y artículo 51 del D.S. N° 77, de 1982, las armas deportivas o de caza y cualquier otra arma o elemento sujeto al control a que se refiere la citada ley, abandonados expresa o presuntivamente, no pueden ser objeto de subasta por las Aduanas del país, debiendo en consecuencia pasar a dominio fiscal, afectas al servicio y control de las Fuerzas Armadas.

A su vez, están impedidos de subastarse, aquellas armas o elementos sujetos al control de la ley antes señalada, que hubieren sido decomisados en virtud de una sentencia judicial luego de haber sido materia de un proceso de contrabando, los que quedarán definitivamente bajo control de las Fuerzas Armadas y depositados en Arsenales de Guerra, hasta el término del respectivo proceso.

2. Mercancías susceptibles de ser subastadas

2.1. Presuntivamente abandonadas

a) Aquellas que no fueren retiradas o no pudieren serlo dentro de los plazos establecidos para su depósito. Esta causal incluye:

- Las mercancías respecto de las cuales no se ha solicitado su desaduanamiento.
- Las mercancías respecto de las que se ha solicitado su desaduanamiento, pero no se han cancelados los derechos de aduana;
- Las especies náufragas, y
- Las mercancías cuyos consignatarios se ignore.

b) Las especies retenidas por el Servicio de Aduanas, a su presentación, si no fuere solicitado su desaduanamiento por sus dueños o representantes, después de transcurridos 90 días contados desde la fecha de su retención.

c) Las mercancías que hubieren ingresado bajo régimen de admisión temporal desde el extranjero o desde un territorio de régimen aduanero especial al resto del país, cuando al término del plazo de una admisión temporal respectiva, no hubiese sido devuelta al exterior o al territorio especial que corresponda.

2.2. Expresamente abandonadas

Aquellas que el dueño o consignatario abandonen expresamente a favor del Fisco, en cualquier tiempo antes de su remate, siempre que no hubieren multas u otras penas que aplicar y/o no se encuentren en condiciones de ser destruidas.

Para estos efectos se deberá presentar una declaración escrita, ante la Aduana bajo cuya potestad se encuentren las mercancías, acompañando el conocimiento de embarque o documento que haga sus veces, debidamente endosado a favor del Fisco

El endoso a que se refiere el párrafo anterior deberá ser del siguiente tenor: "Transfiero al Fisco todos los derechos que me corresponda como consignatario o dueño de las mercancías a que se refiere este documento, los cuales, en consecuencia, quedarán a beneficio fiscal y sin responsabilidad para el endosatario".

Sin perjuicio de lo dispuesto en Convenios Internacionales, en caso que se abandone expresamente mercancías contenidas en encomiendas postales internacionales, el endoso a que se refiere el número anterior, se otorgará en el Boletín de Expedición, por el expedidor.

La Empresa de Correos hará entrega de las mercancías expresamente abandonadas al encargado del recinto de depósito aduanero, acompañando un listado, en el que se consignará la fecha del abandono expreso.

2.2.1. En caso que se abandone expresamente parte de las mercancías comprendidas en un conocimiento de embarque o documento que haga sus veces, el dueño o consignatario deberá transferir la parcialidad en la misma forma señalada en el numeral anterior, con la salvedad de que el original del conocimiento de embarque o del documento que haga sus veces quedará en poder de éste y entregará al Servicio una copia legalizada ante Notario.

2.2.2. En caso que no se cuente con el conocimiento de embarque o documento que haga sus veces, se deberá adjuntar a la solicitud, cesión de derechos del dueño o consignatario, suscrita ante Notario.

2.2.3. Para aceptar el abandono expreso, la Aduana bajo cuya potestad se encuentran las mercancías, deberá comprobar que respecto a ellas no se ha efectuado denuncia ante el Ministerio Público, ni están afectas a multas, cargos y otras sanciones.

Asimismo, el encargado del recinto de depósito deberá certificar la ubicación, estado y peso de los bultos que contienen las mercancías. En el evento que el estado o condición de las mercancías haga presumir que no son susceptibles de ser subastadas, deberá dejar expresa constancia de esta circunstancia.

2.2.4. El Director Regional o Administrador, mediante Resolución, podrá:

- Aceptar el abandono expreso, cuando las mercancías cumplan con los requisitos exigidos en los números anteriores, debiendo el Servicio en estos casos proceder a practicar el loteo correspondiente, para la inclusión de las mercancías en subasta.

- Rechazar el abandono expreso, cuando las mercancías durante su depósito sufrieron alteraciones en su naturaleza o en su forma de presentación; estén afectas a procesos, multas u otras sanciones o bien, se trate de mercancías en condiciones de ser destruidas.

- Copia de la resolución antes referida deberá remitirse al Subdepartamento de Comercialización de la Dirección Nacional.

2.3. Decomisadas

Se incluyen las mercancías decomisadas administrativamente que corresponden a las abandonadas o rezagadas que se encuentren en las zonas primarias de jurisdicción o en los perímetros fronterizos de vigilancia especial, como asimismo aquellas que han sido decomisadas judicialmente, en cumplimiento de una sentencia condenatoria ejecutoriada, por el delito de contrabando.

2.4. Incautadas

Las mercancías incautadas en procesos de contrabando, podrán ser subastadas una vez transcurrido el plazo de un año contado desde la fecha en que se ha materializado la incautación decretada.

3. Subasta Aduanera

Las mercancías que hubieren incurrido en presunción de abandono quedarán en condiciones de ser subastadas por el sólo ministerio de la ley, al día hábil siguiente del vencimiento del plazo de depósito o admisión temporal autorizada, no siendo necesario practicar notificación o aviso de ninguna clase para su inclusión en subasta.

La subasta de las mercancías presuntivamente y expresamente abandonadas, las decomisadas y las incautadas cuando proceda, se realizará por la Aduana bajo cuya jurisdicción se encuentre el respectivo recinto de depósito.

No obstante lo dispuesto en el párrafo anterior, en caso de mercancías depositadas en almacén particular, cuya ubicación geográfica no corresponda a la jurisdicción de la Aduana ante la cual se tramitó la declaración, la subasta deberá ser realizada por la Aduana bajo cuya jurisdicción se encuentra el almacén particular.

3.1. El Director fijará el lugar y la fecha del remate, asimismo, a proposición del Director Regional o Administrador, fijará los mínimos de la subasta, sobre la base de los derechos arancelarios que afecte la importación de las mercancías, al momento de la fijación de dichos valores.

3.2. El lugar, local, día y hora de la subasta como asimismo una relación general y sumaria de las mercancías más importantes por su calidad y valor serán anunciados, a lo menos, por tres días, en los periódicos de mayor circulación del lugar correspondientes, o en las ciudades que, a juicio del Administrador respectivo, tenga importancia hacer publicidad, como asimismo, por medio de carteles en sitios de las Aduanas de acceso al público durante los siete días hábiles que preceden a aquel en que debe comenzar el remate.

El primer aviso deberá ser publicado con veinte días de anticipación, a la fecha del remate, a lo menos.

En caso de postergación de la subasta, dicha circunstancia será anunciada, a lo menos, con la publicación de un aviso y la fijación de carteles por tres días, en la forma dispuesta en el párrafo anterior.

3.3. El Servicio además, dentro de los siete días que precedan al remate pondrá a disposición de los interesados, catálogos que contendrán el número de cada lote, su mínimo, ubicación y la denominación comercial de la mercancía y sus características.

Esta última información, en todo caso, será simple dato ilustrativo que no compromete la responsabilidad fiscal, debiendo los interesados comprobar su efectividad, durante la exhibición de las mercancías.

3.4. Las mercancías incluidas en remate serán exhibidas durante los siete días hábiles previos a la subasta.

3.5. Los interesados en el remate deberán depositar ante la Aduana una garantía no inferior al 20% del valor mínimo de subasta de la mercancía, suma que será exigible en el momento de la adjudicación, en una caja habilitada por el Servicio para tales efectos.

Asimismo, podrán rendir garantías globales, las que deberán entregarse durante la exhibición de las mercancías o al tiempo de la realización del remate.

La garantía a que se refieren los párrafos precedentes, podrá consistir en dinero efectivo o vale vista emitido por un banco de la plaza. En este último caso, el vale vista deberá ser extendido a nombre de: "Dirección Regional (Administración de Aduanas) de.......... - Gastos de Remate" y solicitarse al Banco Estado de la misma plaza, la confirmación de su depósito.

No obstante lo anterior, se podrá aceptar Vale Vista de otra plaza, sólo si hubiere sido emitido por una sucursal del Banco Estado, el que en todo caso deberá cumplir con las formalidades antes señaladas.

Las irregularidades en relación al vale vista, serán puestas en conocimiento del Director Regional o Administrador, a objeto que si lo estimare procedente, remita los antecedentes al Ministerio Público.

Por la garantía rendida se deberá otorgar comprobante a nombre del interesado o su representante legal, bajo nombre, firma y timbre del funcionario encargado. Además, en caso que la garantía se haya constituido mediante vale vista, se deberá registrar en el referido comprobante, el número de la cédula de identidad y el Rol Único Tributario de cualquiera de aquellos.

3.6. La Aduana antes de la subasta debe solicitar de los organismos respectivos, las visaciones o exigencias de control de los organismos pertinentes.

La adjudicación de las mercancías en subasta pública no libera al adquirente de cumplir las normas sobre visaciones y controles que puedan afectarlas en su comercialización.

3.7. Al precio o monto de adjudicación deberán agregarse los impuestos a las ventas y servicios establecidos en el decreto ley N° 825 de 1974, y demás impuestos que procedan.

3.8. El pago del saldo insoluto del valor de las mercancías subastadas deberá ser enterado por el adjudicatario, dentro de los siete días siguientes al remate, en dinero efectivo o vale vista y en la caja fiscal dispuesta en la Aduana. Para estos efectos, el adjudicatario deberá presentar:

a) Carnet de Identidad

b) Rol Único Tributario

c) Comprobante de adjudicación

d) Recibo de garantía rendida.

Cumplido lo anterior, el Servicio procederá a cancelar el formulario "Registro de Subasta - Factura", entregando copia al adjudicatario Si el pago del saldo insoluto se materializare mediante vale vista se considerará como fecha de pago la de recepción de dicho documento, debiendo el Servicio además, obtener la conformidad a que se refiere el numeral **3.5.**

Con todo, cuando el vale vista ofrecido como garantía exceda el valor de adjudicación de la mercancía, incluido los impuestos que proceden, el Servicio sólo podrá restituir el exceso y cancelar el "Formulario Registro de Subasta - Factura" una vez que el Banco Estado de la misma plaza confirme el vale vista respectivo, de acuerdo a lo establecido en el número 3.5. precedente.

3.9. Si no enterasen el valor de la adjudicación, dentro del plazo señalado en el número anterior, el valor depositado como garantía, quedará a beneficio fiscal y el adjudicatario perderá todo derecho sobre la mercancía. Esta suma, deducidos los gastos del remate, incluidos los derechos de martillo, ingresará a Rentas Generales de la Nación.

3.10. El retiro de las mercancías deberá ser realizado por el adjudicatario, previa presentación de los siguientes documentos:

a) Carnet de Identidad

b) Rol Único Tributario

c) Registro de Subasta - Factura cancelado por el Servicio y por el Servicio de Impuestos Internos, cuando corresponda y firmado por el adjudicatario.

Cumplido lo anterior, el encargado del recinto de depósito procederá a hacer entrega de las mercancías, estampando su nombre, timbre y firma en el Registro de Subasta/Factura.

3.11. Sin perjuicio de lo dispuesto en el número 3.8 precedente, el pago del saldo insoluto podrá ser realizado por un tercero premunido de poder autorizado ante notario, debiendo acompañar, además de los documentos señalados en las letras b), c) y d) del número 3.10 precedente, su cédula de identidad y Rol Único Tributario.

Asimismo, podrá requerir el retiro de las mercancías en cuyo caso deberá acompañar, además de los documentos señalados en las letras 3.10 precedente, el poder notarial conforme al cual actúa.

Cumplido lo anterior, el encargado del recinto de depósito procederá a hacer entrega de las mercancías, de acuerdo a lo establecido en el inciso segundo del número 3.10 precedente, debiendo además retener el poder notarial.

3.12. En caso que las mercancías fueren incluidas nuevamente en subasta, su mínimo se determinará sin considerar los derechos arancelarios que las afecten.

3.13. Las mercancías subastadas por Aduanas ubicadas en zonas que gocen de tratamiento aduanero especial, se considerarán nacionalizadas sólo respecto de dichos territorios.

La introducción al resto del territorio nacional de las mercancías, se sujetará en todo a la legislación general vigente en el país o a la regional, según corresponda. En caso que tales especies fueren importadas al resto del país, servirán de abono a los derechos e impuestos que corresponda pagar, aquellos que regían al momento de la adjudicación para las mercancías de la misma naturaleza en la respectiva zona de tratamiento aduanero especial, presumiéndose para estos efectos que han sido efectivamente pagados.

3.14. En caso de mercancías presuntivamente abandonadas, el remanente del producto de la subasta, una vez deducidos los gastos que correspondan, quedará a disposición del dueño de la mercancía por el lapso de un año, contado desde la fecha de su enajenación.

Para tales efectos, el dueño deberá presentar ante la Aduana que hubiere subastado las mercancías, una solicitud de devolución, en la cual se individualizará la mercancía, cantidad, peso, marca de los bultos, número, año de la subasta y número del lote que las contenía. En dicha solicitud deberá dejar constancia, además, del número de su Rol Único Tributario y domicilio actual.

A la solicitud antes señalada deberá acompañarse copia del Conocimiento de Embarque, o documento que haga sus veces, copia del D.P.U. si procediere y fotocopia legalizada ante Notario de su Rol Único Tributario.

Verificada la procedencia, el Director Regional o Administrador emitirá una resolución ordenando la devolución del remanente al dueño de las mercancías, por parte de la Tesorería Regional (Anexo Nº 66). Las Resoluciones que dispongan la devolución de una suma igual o superior a 400 UTM., deberán ser remitidas a la Contraloría Regional para el trámite de toma de razón.

Transcurrido el plazo de un año, a que se refiere el inciso primero, sin que el dueño retire el remanente, éste ingresará a Rentas Generales de la Nación.

3.15. El producto de la subasta de mercancías incautadas se depositará en su totalidad, sin deducción a que refiere el artículo 165 de la Ordenanza de Aduanas. En una cuenta de ahorro que para estos efectos, se abrirá en Banco Estado, la que con sus respectivos reajustes e intereses, ingresará a rentas generales de la Nación, en caso de decretarse el comiso de ellas, o se devolverá a su propietario cuando se dictare sentencia absolutoria o sobreseimiento definitivo debidamente ejecutoriados.

4. Recargo del Artículo 154 Ordenanza de Aduanas

Las mercancías en presunción de abandono quedarán afectas a un recargo a contar del día hábil siguiente al vencimiento del plazo de depósito o admisión temporal autorizada Para estos efectos, el día sábado será considerado inhábil.

El recargo será hasta de un 5% del valor aduanero de las mercancías, incrementado hasta un porcentaje igual al interés máximo convencional diario publicado por la Superintendencia de Bancos e Instituciones Financieras, para operaciones no reajustables en moneda nacional de noventa días o más sobre el mismo valor por cada día transcurrido entre el día siguiente a aquel en que se devengó el recargo y el día de pago de los gravámenes y tasas que afecten su importación o del día de aceptación a trámite de la respectiva declaración de destinación aduanera, si ésta no estuviere afecta al pago de dichos gravámenes. En el caso de mercancías acogidas a regímenes suspensivos de derechos que fuesen devueltas a recintos de depósito fiscales, el cómputo del plazo para este pago se hará hasta la fecha de su recepción. Las mercancías no se considerarán nacionalizadas mientras no se pague este recargo.

Este será cancelado mediante un giro comprobante de pago adicional F - 09, presentado ante la Aduana, para su emisión.

El Director Regional o Administrador de Aduana podrá rebajar o eximir de dicho pago al interesado.

4.1. En caso que se solicitare el retiro de las mercancías que hubieren incurrido en presunción de abandono, el consignatario o su representante deberá solicitar ante la unidad encargada de la subasta, autorización para:

a) Presentar a trámite la declaración.

b) Proceder al retiro de las mercancías una vez acreditado el pago de giro comprobante de pago adicional por dicho recargo.

No obstante, en caso que las mercancías se encontraren bajo régimen suspensivo, la autorización a que se refiere el inciso anterior deberá ser solicitada ante la Unidad encargada del control de tales regímenes.

5. Obligaciones del Almacenista

5.1. Los encargados de los recintos de depósito a cargo del Servicio, de las Empresas Portuarias de Chile, o administrados por particulares, deberán:

a) Mantener actualizado un inventario de las mercancías en condiciones de ser subastada, el que deberá contener la siguiente información:

- Número, fecha del conocimiento de embarque o documento que haga sus veces.

- Número y fecha del manifiesto de carga u otro documento de ingreso de las mercancías al almacén (Documento único se salida, solicitud de entrega de mercancías, solicitud de entrega de vehículos, título de admisión temporal de contenedores, etc.).

- Número y fecha de emisión de la papeleta de recepción o documento que haga sus veces.

- Identificación de los bultos.
- Cantidad y tipo de bultos.
- Descripción genérica de las mercancías según lo consignado en el documento de ingreso.
- Peso en kilos brutos (documental y/o verificado).
- Ubicación de las mercancías en el recinto de depósito.
- Situación aduanera de las mercancías (decomisadas, expresa o presuntivamente abandonadas).
- Tipo, número y fecha del documento que habilitó el retiro de las mercancías y fecha en que se realizó esta operación, tratándose de mercancías rescatadas antes de la subasta.

b) Mantener archivado separadamente y en orden cronológico, copia de los manifiestos y de las nóminas de las mercancías en condiciones de ser subastadas, enviadas a las Aduanas, como asimismo las resoluciones que aceptan el abandono expreso y de aquellas que decretan el comiso de las mercancías.

c) Enviar a la Unidad encargada de la subasta y a la Unidad de Control de Zonas Primarias de la Aduana correspondiente, mediante correo electrónico, la nómina de las mercancías en condiciones de ser subastadas, utilizando para tales efectos el formulario del Anexo N° 67. En el caso de recintos de depósitos administrados por particulares, la nómina podrá excepcionalmente ser reemplazada por una copia del inventario a que se refiere la letra a) precedente. Este envío debe ser realizado asimismo en el caso de no existir mercancías en condiciones de ser subastadas.

El envío deberá efectuarse por Manifiesto, mediante nómina o inventario numerado correlativamente por Almacén y fechado, dentro de los dos días hábiles siguientes al cumplimiento del plazo general de depósito de las mercancías incluidas en dicho manifiesto.

Los almacenistas deberán archivar correlativamente copia del formulario del Anexo N° 67 remitido a la Aduana, para los efectos de las fiscalizaciones dispuestas por el Servicio.

d) Deberán informar a solicitud de la unidad encargada de subasta, el monto que las mercancías loteadas adeuden por concepto de almacenaje hasta la fecha de la subasta, expresado en dólares de los Estados Unidos de América.

Tratándose de recintos de depósito a cargo de las empresas creadas por ley N° 19.542 o administrados por particulares, se deberá señalar, además por cada lote, la base imponible y el monto, expresado en moneda nacional, adeudado por concepto del impuesto al valor agregado.

e) Proporcionar y otorgar a los funcionarios de Aduana los medios y facilidades necesarias para la realización del loteo, extracción de muestras, reubicación y traslado de las mercancías a los lugares de exhibición.

Asimismo, se deberá proporcionar tales medios y facilidades a los referidos funcionarios en la identificación y separación de mercancías que hayan de ser destruidas.

f) Exhibir las mercancías durante los siete días hábiles previos a la subasta.

g) Hacer entrega de las mercancías rescatadas antes de la subasta, al consignatario o su representante legal, previa exhibición del documento de destinación aduanera, en el cual la unidad encargada de subasta certifique el pago de los derechos y demás gravámenes -si procediere- y autorice el retiro del giro comprobante de pago adicional cancelado por concepto del recargo a que se refiere el artículo 154 de la Ordenanza de Aduanas, y las tasas de almacenaje que correspondan.

En caso que respecto de las mercancías se tramitare una declaración de régimen suspensivo, la autorización antes referida será otorgada por la unidad aduanera encargada del control de tales regímenes.

h) Autorizar el retiro de las mercancías subastadas a los adjudicatarios previa presentación del carné de identidad, Rol Único Tributario y del formulario de subasta, debidamente pagado, velando porque dichas mercancías correspondan a las incluidas en el lote, bajo nombre y firma del encargado del recinto de depósito.

5.2. El beneficiario del almacén particular además de dar cumplimiento a las obligaciones a que se refieren las letras, e), f) y g) del número anterior, deberá:

a) Permitir a los funcionarios de Aduana visitas de fiscalización.

b) Pagar los gastos de carga, descarga, traslado o cualquier otra operación material dispuesta por el Director Regional o Administrador, bajo cuya jurisdicción se encuentre el almacén particular que afecten a las mercancías que hubieren incurrido en presunción de abandono.

c) Mantener en el recinto habilitado las mercancías que hubieren incurrido en presunción de abandono, para los efectos de su subasta, respondiendo por el depósito y custodia de las mismas, hasta el momento en que sean legalmente retiradas.

d) Hacer entrega de las mercancías subastadas al adjudicatario, previa exhibición de su carnet de identidad, Rol Único Tributario y Formulario de Subasta debidamente pagado.

Esta operación deberá realizarse en presencia de un funcionario de Aduana, debiendo levantarse acta, la que será suscrita por el beneficiario del almacén particular, el adjudicatario y el funcionario aduanero.

5.3. La Empresa de Correos deberá enviar a la Aduana, dentro del plazo y con las formalidades establecidas en la letra c) precedente, una nómina de mercancías en condiciones de ser subastadas. Tratándose de las Aduanas de Valparaíso y Metropolitana, dicha obligación deberá ser cumplida por la correspondiente unidad postal de la Aduana.

6. Destrucción de Mercancías

6.1. El Director Regional o Administrador, mediante Resolución y previa comunicación y coordinación con el Departamento de Auditoría Interna, podrá disponer la destrucción de las siguientes especies:

a) Mercancías cuyo depósito constituye grave peligro para sí mismas o para otras depositadas.

b) Mercancías cuya importación se encuentra prohibida por constituir una amenaza para la salud pública, la moral, las buenas costumbres o el orden establecido.

c) Mercancías cuyo depósito sea manifiestamente perjudicial o no pudieren almacenarse sin gastos desproporcionados o cuando haya fundado temor de que dada su naturaleza, estado o embalaje, se desmejoren, destruyan o perezcan.

d) Mercancías que tengan nombres, signos o condiciones que les hayan dado carácter de exclusividad, a menos que les quite dicho carácter de exclusividad aún mediante su destrucción parcial, con el objeto de enajenarlas o de incluirlas en la más próxima subasta.

6.2. Los Directores Regionales o Administradores de Aduanas, tratándose de combustibles o productos alimenticios perecibles, que pudieren ser destruidos de acuerdo a lo señalado en la letra a) precedente, podrán entregarlos a los Intendentes o Gobernadores para que éstos, con los resguardos sanitarios o de seguridad del caso, procedan a donarlos a un establecimiento público.

6.3. Los almacenistas que detectaren mercancías en las condiciones a que se refiere el N° 6.1 anterior, en cualquier época, deberán comunicar dicha circunstancia al encargado de subasta de la Aduana.

www.ingramcontent.com/pod-product-compliance
Lightning Source LLC
Chambersburg PA
CBHW080914170526

45158CB00008B/2110